MÉMOIRES

D'UN

VIEUX MÉNAGE PARISIEN.

BIBLIOTHÈQUE PÉRIODIQUE.

NOUVEAU MUSÉUM LITTÉRAIRE.

Littérature nationale et étrangère.

MÉMOIRES

D'UN

VIEUX MÉNAGE PARISIEN

PAR

R. HERBAUT.

I

BRUXELLES,

A. BLUFF, LIBRAIRE-ÉDITEUR,
12, RUE DES PLANTES.

1855

NOUVEAU MUSÉUM LITTÉRAIRE.

Littérature nationale et étrangère.

MÉMOIRES

D'UN

VIEUX MÉNAGE PARISIEN

PAR

R. HERBAUT.

I

BRUXELLES,

A. BLUFF, LIBRAIRE-ÉDITEUR,

12, RUE DES PLANTES.

1855

Brux. Imp. de A. Mahieu et C°, Vieille-Halle-aux-Blés, 31.

I

LA MISÈRE AU COIN DU FEU.

C'était dans une mansarde, au cinquième étage d'une maison de sordide apparence, située à Paris, rue de la Huchette, une des rues les plus sombres, les plus étroites et les plus malsaines du quartier de la Cité. Cette mansarde n'était garnie que des meubles les plus indispensables : une pauvre couchette en bois peint, ne supportant qu'un maigre matelas, une table de sapin et quatre chaises communes garnies de paille usée. C'était au mois de décembre ; il avait neigé tout le jour, il faisait froid dehors ; aussi, un feu mourant jetait-il de temps à autre une faible lueur dans la chambre plongée dans une demi-obscurité, car il était quatre heures, et la nuit commençait à venir.

Aux coins de la cheminée étaient assis, les mains tendues vers le tison noirci et prêts à s'éteindre, deux personnes tellement plongées dans leurs réflexions, qu'il y avait une heure au moins qu'elles ne s'étaient adressées la parole, réflexions pénibles sans doute, car plusieurs fois de gros soupirs, ressemblant presque à des sanglots avaient interrompu momentanément leur silence. Elles ne semblaient nullement s'apercevoir que les ténèbres envahissaient leur demeure et que leur feu allait expirer. Elles grelottaient pourtant. L'obscurité empêchait de les distinguer, mais non assez cependant pour que l'on ne vît pas que l'une était une femme et que l'autre était un homme. Enfin, rappelée à elle-même par un frissonnement plus violent qu'aucun de ceux qui l'avaient précédé, la femme toucha l'homme au genou, et lui dit :

— Pierre, le feu va s'éteindre ; est-ce qu'il n'y a plus de bois ?

— Non, lui répondit l'homme, après s'être baissé et avoir cherché vainement dans le coin de la cheminée ; non, il n'y en a plus.

— Et dans la soupente ?

— Je ne crois pas ; mais, attends, je vais allumer la chandelle et y aller voir ; donne-moi une allumette.

— Tiens, c'est la dernière, prends garde de la laisser s'éteindre, car...

— Car nous ne pourrions pas en acheter d'autres n'est-ce pas ?

Il y avait quelque chose de profondément navrant dans l'accent dont ces paroles avaient été prononcées ; on sentait que c'était bien vrai, et que dans cette maison il n'y avait véritablement plus un sou. Pierre frotta l'allumette avec précaution au manteau de la cheminée, et heureusement elle prit sans encombre ; la chandelle fut allumée, et l'on put voir quels étaient les deux personnages en question : deux vieillards, la femme devant avoir soixante ans environ, et l'homme ne paraissant guère être plus âgé. Leurs visages étaient beaux encore, malgré les rides profondes qui y avaient été creusées par la vieillesse et le malheur ; car on ne pouvait en douter, c'était bien là deux êtres malheureux, mais point malheureux par leur faute ; trop d'honnêteté et trop de résignation éclataient sur leur front ; à peine une légère amertume y paraissait-elle protester contre les rigueurs du destin, et c'est le propre des êtres que la misère gagne malgré eux, malgré tous les efforts qu'ils ont pu faire pendant leur jeunesse et pendant leur âge mûr pour l'éloigner de leur vieillesse, de subir les arrêts de la fatalité, sans que leur bouche maudisse les hommes, sans que leur pensée accuse Dieu.

Pierre se leva, prit d'une main tremblante la mince chandelle, vacillant dans son bougeoir trop large, et se dirigea vers une espèce de soupente, formée à l'intérieur par l'inclinaison extérieure du toit. Sa recherche y fut aussi vaine que dans le coin de la cheminée.

— Hélas, non, dit-il en soupirant, il n'y a plus rien là non plus, ma pauvre Véronique, tu te rappelles bien, du reste, que ce dont nous avons fait du feu dès ce matin et pendant tout le jour, c'est la malle qui contenait les derniers effets que nous eussions, et que pour te soigner dans ta dernière maladie nous avons mis en gage.

— Il fait bien froid cependant, Pierre !...

— Oh ! oui, il fait bien froid, Véronique ; mais attends, attends !...

Et Pierre saisit une des quatre chaises et se mit en devoir de la briser. Il était si faible, si faible, qu'il n'y serait pas parvenu sans le secours de Véronique, qui, devinant ce qu'il voulait faire, se leva aussi et vint l'aider ; puis ils mirent dans la cheminée les débris de ce pauvre vieux meuble, en approchèrent la flamme de leur chandelle, et le feu se ralluma pétillant et joyeux. Un éclair de satisfaction, un sentiment de bien-être ineffable rasséréna pendant quelques instants la figure des deux vieillards. Ils se rassirent, et, rapprochant leurs chaises, se prirent les deux mains et se réchauffèrent ensemble ; mais, peu après, malgré le feu et la lumière, leurs tristes pensées leur revinrent ; ils se regardèrent avec un air de commisération mutuelle et profonde, et bientôt deux larmes silencieuses tombèrent de leurs yeux, et d'un commun accord, d'un même élan douloureux, ils s'embrassèrent. Pauvres vieux ! Ah ! c'était un spectacle à fendre le cœur.

— Nous sommes bien malheureux, n'est-ce pas, Véronique ? sanglota Pierre en embrassant encore sa femme.

— Oh ! oui, bien malheureux, répliqua celle-ci en se redressant après lui avoir rendu son étreinte ; seuls, tout seuls sur la terre, sans parents, sans amis, sans enfants et sans nulle ressource personnelle !...

— Et dire qu'il y a un an nous avions encore des rentes, bien petites il est vrai ; mais qui suffisaient à nos goûts simples, deux mille cinq cents francs, c'était pour nous une véritable richesse. Oh! Didier! Didier!...

Et le bras levé vers le ciel, le poing fermé, le sourcil froncé, Pierre sembla, après ce nom de Didier prononcé deux fois, vouloir lancer une imprécation douloureuse; mais Véronique saisit ce bras, le rabaissa, rouvrit cette main et la serrant dans la sienne, s'écria :

—Ne le maudis pas, mon ami; tu sais que s'il nous a ruinés nous et d'autres, c'est qu'il fut ruiné lui-même, et sans qu'il y ait de sa faute; tu sais qu'à cette faillite il ne voulait pas survivre...

— Oui, il voulait se tuer, craignant le déshonneur, et c'est à nous maintenant qu'il ne reste plus...

Il s'arrêta comme effrayé lui-même du mot qu'il allait ajouter, et sa femme, craignant qu'il ne le prononçât, lui mit une main sur la bouche.

—Le travail, nous reste à nous, Pierre, s'empressa-t-elle d'ajouter. Dame! certainement qu'il serait préférable d'avoir encore nos rentes, mais quand on ne manque pas d'ouvrage, on n'a pas le droit de se désespérer comme nous venons de le faire tout à l'heure. Il est vrai que nous avons bien mal dîné, il est vrai que nous ne souperons pas, il est vrai que nous ne possédons plus un sou ; mais au lieu de bavarder, au lieu d'user, prodigues que nous sommes, notre luminaire à nous regarder le blanc des yeux, remettons-nous vite à l'ouvrage, tâchons d'avoir terminé une partie de notre commande, et demain matin nous aurons de quoi déjeuner, et même de quoi dîner demain soir... Allons, allons, paresseux, reprends ton aiguille, et passe-moi la mienne, ainsi que le pantalon que nous avons laissé en train, il est là au coin de la table.

— C'est ça, répliqua Pierre, c'est l'excès du travail qui t'a causé la maladie dont tu es à peine convalescente, et après t'être remise dès ce matin à l'ouvrage et t'y être appliquée tout le jour, tu veux recommencer ce soir, te tuer les yeux, tandis que moi...

— Mais, toi, tu vas m'aider, je t'ai appris à coudre les boutons, à faire les ourlets, et tu t'en tires à merveille ; allons, allons, vite nos lunettes et travaillons, ça nous distraira.

Quoiqu'avec une répugnance et un chagrin marqués, Pierre fit ce que voulait Véronique. Il approcha la table de sapin, y posa la chandelle, et tous deux ils se mirent à l'achèvement de la confection d'un pantalon.

Il est si vrai que, même pour les plus misé-

rables, le travail est une consolation, que les
deux pauvres vieux, après le premier quart-
d'heure écoulé, avaient repris une certaine
sérénité de visage; mieux que cela encore,
Véronique alla jusqu'à fredonner d'une voix
tant soit peu cassée et chevrotante ce refrain
de son temps passé :

> Quoi! vous ne me dites rien,
> Mon ami, ce n'est pas bien...

Et elle sembla en adresser le sens à Pierre
qui demeurait plus triste et plus affligé qu'elle.
Elle n'éprouvait peut-être pas beaucoup cette
gaieté qu'elle affichait ainsi, mais elle espérait que
son mari ressentirait un peu de joie en la croyant
joyeuse; celui-ci la comprit, il releva la tête, la
regarda, et l'on aurait pu voir trembler dans
ses yeux une larme de reconnaissance. Il eut la
force de retenir cette larme, et tendant à sa
femme la main qui ne tenait pas l'aiguille, il
lui répondit d'une voix non moins cassée et
non moins chevrotante :

> Jadis, c'était différent,
> Souvenez-vous en, souvenez-vous en.

Et très-satisfaits l'un de l'autre, les deux
vieux reprirent en chœur :

Temps heureux de nos amours,
Que ne durez-vous toujours.

—A la bonne heure donc, nous prenons notre parti en braves, dit Véronique…Allons, courage, Pierre ; il faut finir ce pantalon avant de nous coucher ; veux-tu ?

Et comme de plus belle ils reprirent leur tâche. Mais leur effort de gaieté simulée avait été trop violent pour qu'ils pussent le renouveler ; sans plus se dire un mot, sans plus s'adresser un seul geste, ils travaillèrent jusqu'à ce que de nouveau leur feu s'éteignît et que leur chandelle menaçât d'en faire autant. Ils avaient achevé du reste de gagner leurs dix sous.

— Maintenant, couchons-nous ; veux-tu, Pierre ? Voilà qu'il recommence à ne pas faire chaud, et sous nos couvertures, en nous serrant l'un contre l'autre, nous aurons moins froid.

Ils se couchèrent, mais ne parvinrent pas à s'endormir promptement, bien que chacun d'eux évitât de faire un mouvement trop brusque, de pousser un trop gros soupir, dans l'espoir que l'autre trouverait le vrai repos dans le sommeil. Pourtant la lune, qui se levait, glissa un de ses rayons par les vitres de leur fenêtre sans rideaux, les éclaira et ils se virent, l'un considérant l'autre, l'un espérant que l'autre échapperait à l'insomnie dont il était obsédé.

— Tu ne dors pas?

— Ni toi non plus?

— A quoi penses-tu donc?

— Je me demande ce que nous avons fait à Dieu pour qu'il nous abandonne ainsi; il est bien injuste.

— Ne dis pas cela, Pierre; ne dis pas cela, songe donc au contraire qu'il y a seulement un an qu'il nous éprouve, et que jusque-là, pendant notre longue carrière, il nous a permis d'être heureux.

— Oui, tu as raison, Véronique, nous avons été bien heureux. Jusqu'à l'âge de vingt-cinq ans, nous avons eu de bons parents qui ne nous ont jamais laissé manquer de rien, et quand ils vinrent à nous être enlevés, nous nous rencontrâmes. Nos deux cœurs volèrent l'un vers l'autre; instinctivement, nous nous aimâmes, et pendant quarante ans, — il y a cela que nous sommes mariés, — et pendant quarante ans, pas une joie intime ne nous fut refusée.

— Oh! si fait cependant, il y en a une, Pierre... celle d'avoir un enfant, un fils qui serait à présent le soutien de son vieux père et de sa vieille mère... C'est de moi, vois-tu, de moi seule que

vient notre malheur d'aujourd'hui... Si tu en
eusses épousé une autre, elle t'aurait peut-être
rendu père... Oh! tu as bien mal fait de m'aimer, de m'épouser, Pierre...

— Oui, tu as raison, mais pas à cause de moi,
à cause de toi...Tu étais assez jolie pour trouver
quelqu'un de bien riche qui t'aurait épousée,
qui t'aurait fait une position impossible à détruire.

— Oh! que dis-tu? Voyons, ne parlons plus
de cela; nous ne pensons ni l'un ni l'autre ce
que nous disons... D'ailleurs, j'ai espoir, moi,
vois-tu, je ne sais en quoi, mais j'ai espoir...
Dieu nous éprouve, bien sûr; il ne voudra pas
qu'ils finissent si misérablement, ceux qu'il s'est
plu pendant quarante années à combler des
plus douces joies de ce monde... les joies inti-
mes du ménage... Si ce sont nos derniers jours
que nous vivons en ce moment, n'y pensons pas.
Veux-tu, oublions le présent, reportons-nous à
notre passé... Remontons le cours de notre vie,
rappelons-nous nos bonheurs, et tu verras qu'ils
l'emportent sur nos douleurs, et que quand nous
serons là-haut, il nous restera encore à remer-
cier Dieu!

— Oui, c'est cela; oui, Véronique, causons de

notre passé... Te souvient-il du jour où nous nous sommes vus pour la première fois?

— S'il m'en souvient ! c'était...

Et ils firent succinctement ce que nous allons faire tout au long.

Et pleins de la volonté, non pas de s'étourdir eux-mêmes, mais de donner le change, Véronique à la douleur de Pierre, et Pierre à la douleur de Véronique, les deux vieux époux évoquèrent leurs jeunes souvenirs, et jusqu'à ce que le sommeil de la fatigue leur arrivât sur le matelas unique où ils s'étaient blottis dans les bras l'un de l'autre, ils regardèrent dans le passé. Ce dont ils causèrent d'abord :

Ce fut de leur première rencontre.

II

UN DINDON EN COUCOU.

C'était cela en 1808.

Par un beau dimanche de juillet, les commis d'un magasin de nouveautés du faubourg Saint-Denis regardaient avec un œil d'envie défiler devant les vitreaux de la boutique les heureux citadins qui, ayant bien travaillé toute la semaine, qui de ses doigts, qui de ses jambes, qui de sa parole, qui de sa pensée, avaient conquis le droit de profiter du jour de fête hebdomadaire pour émigrer hors de la ville, les uns se dirigeant vers la barrière de la Villette, les autres montés en lapins dans les coucous de Saint-Denis ; ceux-ci assiégeant les voitures de Versailles ; ceux-là louant des chevaux pour grimper au bois de Romainville ; tous projetant de dîner sur l'herbe, et étant à cet effet chargés du melon et du pâté de veau traditionnels.

— Deux heures n'arriveront donc pas, disaient en soupirant les commis ci-dessus désignés.

A deux heures finissait leur tâche de ce jour ; à deux heures, ils avaient le droit de fermer le magasin, d'aller se faire beaux et de prendre à leur tour leur vol vers la campagne.

— Bah ! encore une heure seulement, c'est bientôt passé, s'écria philosophiquement le plus jeune des jeunes gens en question.

— Tu es moins impatient que nous, toi, Pierre, et c'est bien concevable, lui fut-il répondu.

— Pourquoi cela ? Croyez-vous que je me promette moins de plaisir que vous à m'aller promener, à courir dans les champs, dans les bois, à dîner sur l'herbe...

— Non, mais tu n'as que toi seul à qui penser... tu n'as pas de maîtresse qui t'attende et qui, si tu tardes trop, soit capable d'accepter le bras d'un autre conducteur vers les plaisirs champêtres.

— Vraiment, ces demoiselles sont capables de cela ?... Eh bien, je me réjouis de n'avoir fait encore aucune connaissance parmi elles, puisque l'on est aussi peu sûr de leur fidélité.

— Laisse donc, tu es comme le renard, tu dis que les raisins sont trop verts, parce que tu ne peux y atteindre; mais je gage que tu voudrais bien courir les mêmes risques que nous...

— Je n'affirmerai pas le contraire; mais cependant, je crois que je préférerais tout d'abord trouver une affection durable chez une jeune fille qui aurait toujours été sage et que je pourrais prendre pour femme.

— Oh! il pense déjà au conjungo, ce Pierre; comme on voit bien qu'il est nouveau dans la partie... une grisette qui soit sage et dont on puisse faire sa femme! comme on voit bien qu'il arrive tout droit de Pontoise, et qu'il n'a pas encore eu le temps de se délurer! Mais ça ne peut durer, encore une quinzaine de jours, et il aura comme nous, le dimanche, une particulière sous le bras.

— C'est bien possible.

— Tiens, à propos, Nini doit amener avec elle une nouvelle débarquée qui, par conséquent, est vacante, et si tu veux lui donner le bras...

— Volontiers, mais ce sera en tout bien tout honneur; je ne ressens nullement le besoin d'aimer spontanément.

— Ceci est un jalon que tu poses, pour le cas où tu ne parviendrais pas à lui plaire ; tu auras ainsi la ressource de dire que tu ne l'as pas voulu.

En ce moment, deux heures sonnèrent à l'horloge du magasin ; ce fut un hourra général ; en moins de dix minutes, la boutique fut fermée, et ces messieurs montèrent à leurs chambres.

Pendant qu'ils s'habillent, disons en quelques mots ce qu'étaient nos jeunes commis. Ils étaient quatre : le plus âgé comptait vingt printemps, c'était un nommé Jacques Didier ; il était premier commis et dans deux ou trois ans comptait s'établir pour lui-même ; c'était un joli garçon, franc, loyal, entendu et ayant de l'ambition, celle de devenir un jour un fort négociant, il rêvait même d'arriver à ouvrir une maison de banque.

Les deux autres, Julien et Félix, ne sont pas utiles à désigner autrement que par leurs prénoms.

Ne nous arrêtons donc quelques instants encore qu'à l'examen de Pierre Moulin, car c'est le principal héros de notre histoire.

Il avait dix-neuf ans ; il était d'une figure douce, agréable, ouverte et riante ; son caractère était gai, spirituel ; il avait des goûts simples ; il aimait le travail, et était sincère tout à l'heure, en disant qu'il souhaitait rencontrer au plus vite une femme digne de lui, et qu'il pût épouser : sa seule ambition était de rester un honnête homme et de devenir un bon père de famille. Il avait perdu son père, alors qu'il ne comptait encore que cinq ans; sa mère, qu'il chérissait, vivait encore et habitait Pontoise : elle y existait modestement d'une petite rente qui, malheureusement pour Pierre, devait s'éteindre en même temps qu'elle; mais elle possédait quelques économies, grâces auxquelles celui-ci pourrait quelque jour, comme les autres, devenir chef de magasin.

Comme leur empressement devait le faire supposer, nos jeunes gens n'avaient pas été longs à faire leur toilette, et un quart-d'heure après être montés chez eux, ils en redescendaient pimpants, et, bras dessus bras dessous, se dirigeaient tous quatre vers le lieu du rendez-vous donné la veille à leurs maîtresses par Didier, Julien et Félix. Ils arrivèrent les premiers, mais ces demoiselles ne tardèrent point à arriver aussi. Elles étaient quatre, en effet. Comme Didier l'avait annoncé à Pierre, mademoiselle Nini s'était chargée de produire dans le monde une grosse boulotte, d'un aspect assez supportable, malgré ses cheveux plutôt jaunes que blonds ou rouges et ses formes trop accusées ; elle répondait au nom de Pétronille : elle paraissait très-niaise, et l'était plus encore; on la présenta à Pierre, qui consentit à être son cavalier, mais qui, dès le premier coup d'œil, vit que c'était loin d'être là la femme qu'il rêvait. Mesdemoiselles Lolotte et Victoire prirent les bras de Julien et de Félix, et l'on se mit à délibérer sur le lieu que l'on choisirait pour but de promenade. On alla aux voix, et par acclamation unanime, Romainville fut adopté! On s'occupa ensuite d'acheter des comestibles... Ces messieurs n'avaient pas en poche beaucoup d'argent, et ces demoiselles tenaient énormément à ce qu'on ne dépensât pas tout en nourriture, afin qu'il en restât pour qu'elles pussent aller à ânes. On ouvrit donc l'avis de tenter d'obtenir un dindon à crédit.— Pourquoi un dindon?—Ah ! voilà. C'est que Lolotte était intimement liée avec un rôtisseur qui, certes, ne lui refuserait pas le volatile en question. On s'achemina donc vers le logis du rôtisseur; mais, ô douleur ! arrivés devant la boutique, visage de bois! Il avait eu aussi des velléités de campagne et avait fermé à deux heures. On allait partir tout penauds, lorsqu'un cri bien connu vint frapper les oreilles de la troupe joyeuse. C'était le cri des dindons vivants, destinés par le rôtisseur à un trépas prochain, mais qui, ne s'en doutant pas, se promenaient orgueilleusement dans la basse-cour attenant à l'arrière-boutique.

— Si nous en emportions un cru, dit Lolotte; nous le confierions au gargotier du bois, et il nous le ferait rôtir.

— Accepté! accepté!

La concierge de la maison, qui connaissait Lolotte, permit au nom du rôtisseur qu'on emmenât un des dindons, et l'animal, malgré ses protestations et ses tentatives de coups de bec, fut enlevé de la basse-cour, aux grands éclats de rire des jeunes commis et des jeunes grisettes; seulement, une fois dans la rue, il devint fort embarrassant.

Quoique dindon, il poussait de véritables cris de paon; c'était des battements d'ailes, des bonds désespérés, des essais d'ascension, qui commençaient à faire changer de couleur les éclats de rire des jeunes gens : du rose leur gaieté tournait au jaune, car le monde s'amassait et riait avec eux, mais d'eux autant que du volatile, car les sergents de ville accouraient vers le rassemblement, et se consultaient pour savoir s'il n'était pas de leur devoir d'intervenir. Dame ! un dindon récalcitrant, peut-être y avait-il exemple que d'un semblable fait une émeute fût sortie, peut-être une révolution ! — Force allait donc être de réintégrer l'oiseau dans la basse-cour d'où on l'avait tiré, faute de moyens de transport ou de conduite, lorsque Pétronille la joufflue, qui avait déclaré aimer beaucoup le dindon rôti, annonça qu'elle s'en chargeait.

—Est-ce que tu vas le porter? lui dit Lolotte.

—Ou bien te mettre à cheval dessus? continua Nini.

— Oh ! oui, oh ! oui, ce sera drôle, ajoutèrent en chœur tous les assistants.

— Eh ! non, que vous êtes bêtes ! on met bien une laisse à un chien, pourquoi n'en attacherait pas une au cou d'un dindon ?

— Tiens, au fait, c'est une idée, ça.

Heureuse et fière de voir qu'on approuvait l'idée lumineuse que sa passion pour la volaille lui avait inspirée, Pétronille s'empressa de la mettre à exécution ; elle courut chez une mercière faire l'acquisition de deux aunes de faveur bleue, dont elle revint cravater l'animal. Cette fois, c'était vraiment drôle, et tout le monde se prêta à la plaisanterie. Lolotte prit l'un des bouts du ruban, Pétronille conserva l'autre, et toutes deux, tirant à elle l'infortuné volatile, marchèrent en avant. Leurs amis et amies, riant à gorge déployée, leur formèrent cortége, ainsi qu'une nuée de gamins, dont la gaieté bruyante fit mettre à leurs fenêtres tous les locataires des maisons devant lesquelles ils passèrent.

C'était, du reste, un fort majestueux coup d'œil que celui de ce dindon conduit par ces deux jolies filles, et les suivant à pas dignes et comptés; car maître Dindonneau avait fini par en prendre son parti; il paraissait même éprouver une certaine satisfaction à être promené aussi cérémonieusement, et s'il poussait encore quelques cris, ce n'était évidemment qu'en témoignage de gratitude et de remercîment.

On arriva ainsi sans encombre à la place où stationnaient les coucous en destination du bois de Romainville. A l'un d'eux, pour être complet, il ne manquait plus que quatre voyageurs, mais le cocher ne s'effraya nullement d'en voir arriver huit : l'un après l'autre, il les enleva pour ainsi dire à la force du poignet et les lança sans dire gare sur ceux qui occupaient déjà le fond du véhicule.

— Mais, cocher, nous sommes trop serrés! Mais nous étoufferons. Mais... mais...

— Bah! bah! ça se fera; voyez les harengs

saurs, ils sont bien plus tassés que ça, et ils ne se plaignent pas.

La plaisanterie plut aux jeunes gens, dont la seule préoccupation, du reste, était d'arriver promptement. Chacun prit sa chacune sur ses genoux ; Pierre lui-même servit de siége à Pétronille, et mince et fluet qu'il était, il disparut complètement derrière et sous toutes les rotondités de la grosse jaunâtre. Quant à cette dernière, elle n'avait pas abandonné le dindon et son premier soin avait été de le fourrer sous la banquette, tout en tenant toujours en main la laisse de faveur bleue. On partit ; les quatre personnes étrangères qui occupaient la banquette du fond, et qui se composaient d'une vieille dame et de trois vieux hommes, passèrent les premières dix minutes du voyage à bougonner très-fort contre la superposition de ces demoiselles, qui leur enlevait tout air et toute lumière. Mais comme on ne faisait aucune espèce d'attention à leurs murmures, elles finirent par se décider à s'endormir, et bientôt les ronflements prolongés de leur sommeil paisible remplacèrent les grognements de leur mauvaise humeur. Nos jeunes gens ne dormirent pas, eux, ils étaient pour cela trop occupés, les hommes à faire en sorte que les dames fussent assises commodément, les dames à gêner le moins possible les messieurs ; de là une certaine agitation perpétuelle, qui empêchait le sommeil de les atteindre.

Il n'y avait que Pierre et Pétronille qui ne remuassent pas trop ; ils n'étaient pas encore assez liés, et puis Pierre ne se souciait vraiment pas de la conquête de Pétronille.

Or donc, les uns dormant, les autres se trémoussant, l'on était arrivé jusqu'aux prés Saint-Gervais ; encore quelques minutes, et l'on était au bois, lorsque tout à coup un grand cri s'échappe du fond du coucou, poussé par la vieille dame qui se réveillait en sursaut :

— Au secours ! à l'assassin ! on me mord, on me pince ! criait-elle ; on s'est fourré sous la banquette.

— Qu'est-ce que c'est, qu'est-ce qu'il y a ?

— Oh ! là là ! oh ! là là !

— Mais enfin, quoi ? demanda le cocher.

— Je vous dis qu'on s'est fourré sous la banquette, sous ma robe.

— Qui ça ?...

— Est-ce que je sais ; un de vos godelureaux, sans doute.

— Quels godelureaux ? dites donc, la vieille, dit Didier, est-ce de nous que vous voulez parler ? Apprenez que nous nous respectons trop pour ne pas vous respecter.

— Ça se passe-t-il ?

— Oui.

— Vous rêviez.

— Non, car je sens encore que ça remue. Ah ! ça recommence encore à me pincer.

— Où ça ?

— Entre le genou et le torse.

— Serrez les jambes.

— C'est ce que je fais !… Ah ! je tiens quelque chose.

Il se fit sous sa robe un mouvement violent, et un aigu et guttural *palalaleloul* se fit entendre. Au comble de la terreur, la vieille lâcha tout, se leva et secoua sa robe, de dessous laquelle s'échappa le dindon : c'était lui de qui Pétronille avait, sans s'en apercevoir, laissé tomber la laisse, et qui, sans mauvaise intention, s'était glissé entre les jambes de la vieille endormie. Un éclat de rire général accueillit la réapparition de l'oiseau séducteur, qui, prenant frayeur à son tour, se mit à exécuter des voltiges comme s'il voulait percer la capote de la voiture pour prendre son vol vers les cieux; ne le pouvant, il retomba, et en retombant, mit ses pattes dans l'œil du voisin de la vieille dame ;

celui-là, d'un coup de poing, le renvoya sur celle-ci, qui crut devoir feindre de se trouver mal et s'affaissa sur son autre voisin, qui la repoussa sur Pierre et Pétronille. Il n'y avait pas moyen de continuer la route dans ces conditions. Il fut question d'abandonner le dindon sur la voie publique, mais Pétronille s'y opposa encore, et trouva un nouveau moyen de tout concilier; elle proposa d'attacher par ses faveurs le dindon au marche pied de derrière du coucou, et la chose fut exécutée.

Le véhicule se remit en chemin au grand galop de ses deux rosses, et ce fut encore un spectacle fort égayant pour les passants que ce dindon traîné de force, trébuchant, voletant, criant, jusqu'à ce que, lui aussi, il eût une idée lumineuse qui le tira de sa fausse position. Il se percha résolument sur le marche pied où il était enchaîné, et sauf quelques légères chutes, arriva sans autre accident à la station des coucous du bois de Romainville. On le détacha, et triomphalement on le conduisit au chef du restaurant du Garde-Chasse, qui promit de le livrer au plus tard dans une heure, plumé, troussé et cuit à point.

— Mais ce n'est sans doute pas tout ce que ces messieurs et ces dames mangeront, demanda le traiteur, qui survint la bouche souriante et le bonnet de coton à la main.

— Pourquoi ça, gargotier? répondit Didier.

— Dame! un dindon pour huit, quand même il serait gras, c'est maigre, eh! eh! eh!

— Qu'est-ce que c'est? des pointes, de l'esprit! dit Lolotte.

— Au fait, il a raison, hasarda Pétronille.

— Oui, il nous faut au moins un autre plat.

— Eh bien, lequel? Voyons, empoisonneur, qu'est-ce que vous allez nous offrir?

— Une excellente gibelotte.

— Va pour une gibelotte et du vin : quatre bouteilles à douze et deux sous de pain par personne.

— C'est dit, messieurs et dames. Quant à votre couvert, où désirez-vous qu'on le mette, dans le grand salon ou dans l'un des bosquets du jardin?

— Non, dans le bois, sur l'herbe, là... derrière votre établissement.

— C'est convenu; dans une heure tout sera préparé; faudra-t-il mettre des chaises?

— Non, pas de chaises, pas de chaises; nous nous asseoirons sur l'herbette, en tailleurs; c'est bien plus gentil.

— Tiens, un chat dans une cage ! qu'est-ce qu'il fait donc là ?

— Un chat dans une cage, voyons, voyons.

— C'est, ma foi, vrai.

C'était mademoiselle Nini, dont la qualité principale n'était pas la discrétion, qui, en furetant dans le comptoir, venait d'y remarquer un panier d'osier à claires voies, semblable à ceux dans lesquels les marchands de volaille et de lapins portent leur marchandise à la halle, et qui contenait en effet un vilain petit chat de gouttière, paraissant aussi étonné de se trouver dans ce panier que semblaient en être surpris ceux qui le regardaient. Quant au traiteur, il n'avait l'air nullement ravi qu'on eût fait cette découverte ; le bout de son nez devint blanc, et il s'empressa de crier à un des marmitons :

— Comment, Grivet, le chat de ma tante est encore là ! Je t'avais pourtant donné l'ordre de le lui porter ce matin ; elle l'attend avec une impatience extrême, pourquoi n'as-tu pas exécuté mon ordre ?

— Dame ! monsieur, moi je ne savais pas... répliqua le marmiton, stupéfait de l'apostrophe inattendue qui lui tombait du ciel, et à laquelle il ne comprenait rien, ainsi que l'attestait l'écarquillement subit de sa bouche et de ses deux yeux, et l'immobilité non moins spontanée de ses mains, qui tenaient la queue d'une poêle et s'apprêtaient à retourner une omelette au lard assez cuite d'un côté.

—Tu ne sais pas… Comment, tu ne sais pas! tiens, voilà pour t'apprendre à me donner un démenti…

Et un coup de pied, lancé par le traiteur, vint insulter les fonds de culotte du marmiton. La douleur fit que celui-ci lâcha prise pour porter ses deux mains à la partie lésée de son individu; mais en quittant la queue de la poêle, il lui imprima une secousse si violente, que l'omelette se détacha, sauta en l'air, et alla retomber sur le crâne nu du chef qui était chauve.

Nouvelles calottes de ce dernier au marmiton, qui se mit à beugler.

Par ce pugilat improvisé, l'attention des jeunes gens se trouva détournée de ce qui la captivait d'abord; ils éclatèrent de rire, en voyant le chef ôter l'omelette de sa tête et la rejeter dans la poêle, et en considérant les grimaces du gâte-sauce.

Le restaurateur profita du moment pour les pousser dehors en leur répétant :

— Dans une heure, au plus tard, tout sera prêt, messieurs.

Et ils s'éloignèrent sans songer que l'emprisonnement de ce chat pourrait bien cacher un mystère!...

— Nous avons une heure devant nous, que faire pendant ce temps ? se demandèrent-ils.

— Allons à âne.

— C'est ça, des ânes ! des ânes ! dirent en chœur ces demoiselles.

— Nous autres, nous prendrons des chevaux, dirent ces messieurs.

Et quelques minutes après, la cavalcade se mit en marche.

—Surtout, ne nous éloignons pas trop les uns des autres et prenons garde de nous perdre, afin d'être de retour à l'heure précise du dîner.

La recommandation n'était pas superflue, car, en 1808, il était véritablement possible de se perdre dans le bois de Romainville Aujourd'hui que les fortifications de Paris l'ont coupé en deux, et qu'une foule de propriétaires particuliers en possèdent de petits morceaux, il est impossible de se faire une idée de ce qu'il était jadis et de se figurer qu'il ait jamais tenu son rang parmi les forêts sérieuses.

Pierre, qui avait le meilleur cheval et qui montait passablement, se mit à galoper si bel et si bien, qu'il dépassa et perdit bien vite de vue ses compagnons. Il revint sur ses pas ; mais, ne les apercevant plus, il ne s'en préoccupa pas autrement.

— Je les retrouverai au dîner, se dit-il, et il continua ses exercices d'équitation.

III

UNE PARTIE DE CACHE-CACHE.

Le même jour et à la même heure qu'étaient
sortis de leurs magasins les commis et les grisettes ci-dessus mis en scène, une vingtaine de
jeunes filles, conduites par deux sous-maîtresses,
sortaient d'un pensionnat situé à Belleville,
grande-rue de Paris, et, rangées deux par deux,
se dirigeaient, en se donnant le bras, vers ce
même bois de Romainville, lieu habituel de
leurs promenades récréatives du dimanche.

La plupart étaient des enfants âgées de dix à
quatorze ans; les quatre premières seulement
et les deux sous-maîtresses paraissaient en
compter de seize à vingt. Elles étaient toutes
fort gentilles, et comment ne pas l'être, avec
tant de fraîcheur, tant de jeunesse et sous un si
charmant costume : elles avaient pour uni-

forme une robe blanche, serrée à la taille par une ceinture bleu de ciel ; sur leurs épaules était jetée une écharpe en crêpe rose, et un large chapeau de paille d'Italie nouait sous leurs jolis mentons ses rubans de satin du même bleu que la ceinture.

Elles étaient donc toutes fort gentilles ; mais une seule était incontestablement jolie : c'était la première sous-maîtresse. Une taille élancée, mince sans être fluette, des petits pieds chinois, des mains d'enfant, voilà pour le corps ; mais la tête était plus attrayante encore : une peau blanche et fine, une petite bouche admirablement bien garnie, un nez droit et bien effilé, de gracieuses fossettes aux joues, des yeux bleus, plus grands que sa bouche et ombragés de longs cils bruns, bruns comme ses sourcils et ses cheveux, qui étaient fins, soyeux et luxuriants.

Elle ne semblait pas savoir qu'elle fût si jolie ; la plus aimable modestie, la plus douce dignité éclatait sur son front ; un sourire fin et spirituel s'épanouissait sur ses lèvres ; elle paraissait heureuse. — L'était-elle ? — Oui, vraiment.

Fille unique d'un père et d'une mère qui la chérissaient, elle les aimait ardemment. Ses parents, qui n'étaient pas riches et ne possédaient qu'une toute petite aisance, avaient jadis logé à

Belleville; mais lorsqu'ils mirent leur fille en pension, pour que le sacrifice qu'ils faisaient chaque année d'une somme de quatre cents francs à l'éducation de Véronique leur imposât de moins dures privations, ils allèrent habiter Pontoise, où il fait moins cher vivre que dans la banlieue de Paris. Ils y demeuraient encore, quoique depuis deux ans Véronique, qui avait parfaitement profité de ses études, fût élevée à l'emploi de sous-maîtresse, touchât des appointements, et, loin de leur être encore à charge, leur envoyât chaque mois le superflu de la somme destinée à ses petites dépenses.

Pendant que je vous ai présenté pour la seconde fois l'héroïne de cette histoire, non plus vieille, ridée, tremblante de faim, de froid et de misère comme elle est aujourd'hui, mais charmante, fraîche, gracieuse, gaie, heureuse comme elle était jadis, elle et ses pensionnaires ont marché si prestement que les voilà arrivées au bois de Romainvile. Elles avaient pénétré dans le bois par un chemin opposé à celui qui conduisait au restaurant du Garde-Chasse; c'est par là qu'elles savaient trouver la pelouse où habituellement elles venaient prendre leurs ébats, y jouant tantôt à courir, tantôt à la corde, tantôt au volant, tantôt enfin à cache-

cache : pour ce dernier jeu surtout, l'endroit était on ne peut plus propice ; la pelouse était entourée d'une multitude de massifs, véritable labyrinthe où il était facile de s'égarer, mais non pas de se perdre.

Aussi quelle douleur s'empara de la troupe enfantine, lorsqu'elle vit cette charmante position occupée par une noce entière, qui n'en laissait pas un coin de libre. Là, on achevait de déjeuner sur l'herbe ; ici, aux accents d'un crin-crin dont le ménétrier était juché sur un tonneau, on dansait valses et quadrilles ; plus loin une partie de main-chaude s'était organisée.

Quant aux massifs, ils étaient encore bien plus sérieusement peuplés que la pelouse ; on y jouait à cache-cache.

Force fut donc à la pension de se mettre en quête d'un terrain qui pût remplacer celui-ci. On eut de la peine, mais enfin un carrefour s'offrit, qui semblait présenter les mêmes avantages que ceux auxquels l'on venait d'être obligé de renoncer.

Les chapeaux, les écharpes jonchèrent bientôt l'herbe verte, et les joyeuses élèves se mirent à gambader sous l'œil de leurs sous-maîtresses ; les quatre grandes se groupèrent autour de Véronique et parvinrent à la décider à être d'une partie de cache-cache qu'elles désiraient organiser entre elles.

En sa qualité de sous-maîtresse, Véronique y mit de l'amour-propre et ne voulut pas être facilement trouvée ; elle se cacha si bien, que quatre fois de suite elle échappa à la recherche active de celle qui *l'était,* et regagna le but sans en avoir été atteinte. La cinquième fois, elle y mit encore plus de malice ; elle s'éloigna d'au moins soixante pas de ses premières retraites ; on passa et repassa une vingtaine de fois autour d'elle, mais on ne la découvrit pas. Elle se décida enfin à regagner le but, et tout en courant, elle prit un chemin qui lui sembla être le plus direct ; elle entendit des éclats de rire qu'elle crut ceux de ses pensionnaires, mais, ô surprise ! au bout de ce chemin, elle tomba au beau milieu d'une société qui n'était pas la sienne ; elle retourna sur ses pas et se trompa encore ; alors l'inquiétude la prit, elle s'arrêta et appela, mais en vain, rien ne lui répondit, la solitude la plus complète l'entourait ; elle voulut revenir vers la société de tout à l'heure, qui peut-être pourrait la mettre dans sa route ; elle n'y put parvenir et continua à s'égarer ; personne, absolument personne, ne se montra pendant les dix minutes qu'elle marcha encore. Alors une véritable anxiété l'envahit, qui s'augmenta bien plus, lorsqu'un gros nuage noir se forma au-dessus de sa tête, et qu'un grondement lointain annonça un orage.

La pauvre Véronique s'assit bien tristement au pied d'un chêne, et les pleurs lui montaient aux yeux, lorsqu'il lui sembla entendre les pas d'un cheval : elle est sauvée ! on va pouvoir lui indiquer sa route. Elle se leva et courut comme une folle vers l'extrémité du sentier où elle se trouvait ; à son tournant, débouchait justement un jeune cavalier, et ce cavalier c'était Pierre.

— Quelqu'un enfin ! dit-il.

— Enfin quelqu'un, dit-elle.

Et, parlant en même temps, les deux jeunes gens échangèrent ces deux phrases :

— Mademoiselle, ne pourriez-vous pas m'enseigner le chemin qui conduit au rendez-vous de chasse ?

— Monsieur, je vous serais bien obligée, s'il vous était possible de me remettre dans ma route ?

— Plaît-il, monsieur ?

— Plaît-il, mademoiselle ? ajoutèrent-ils alors l'un après l'autre, s'apercevant qu'ils venaient de parler l'un en même temps que l'autre, et malgré cela ayant compris qu'ils s'adressaient une question analogue.

— Je me suis égarée, monsieur.

— Et moi aussi, mademoiselle.

— Et je vous demandais mon chemin, monsieur.

— C'est le même motif qui me faisait vous adresser la parole, mademoiselle.

— Ah! c'est drôle.

— Oui, c'est très-drôle, mais voilà qui l'est moins, c'est le tonnerre qui gronde et la pluie qui commence à tomber.

— Oh! j'ai bien peur, monsieur.

— Moi, je n'ai pas peur, mademoiselle, pour moi du moins; mais je ne suis pas rassuré à votre égard; votre mise légère m'inquiète, vous êtes nu-tête, vous n'avez pas de châle.

— Je vais vous dire, monsieur; c'est que j'étais en train de jouer à cache-cache avec les élèves de la pension où je suis sous-maîtresse.

— Je ne suspecte pas, mademoiselle, l'origine de votre négligé; je m'en préoccupe, voilà tout. Tenez, savez-vous ce que vous devriez faire?

— Quoi donc, monsieur?

— Prendre ce foulard et le mettre sur votre tête, puis ce pardessus qui ne m'est pas à moi tout à fait nécessaire, et qui pourra vous garantir les épaules.

— Oh! vous êtes bien bon, je ne sais si je dois...

— Si vous devez éviter de gagner une fluxion de poitrine? De plus, comme les chemins vont devenir glissants, il faut que je vous prenne en croupe.

— Monter à cheval, moi !

— Oh! mon Dieu, oui; il n'y a que ce moyen de vous faire arriver plus vite vers ceux qui vous attendent.

— Et qui doivent même être bien inquiètes.

— Vous voyez qu'il n'y a pas à hésiter plus longtemps, la pluie et l'orage redoublent.

En effet, un coup de tonnerre, plus violent et plus rapproché que les autres, se fit entendre; Véronique, toute tremblante, se serra instinctivement contre le cheval de Pierre; celui-ci, sans perdre un instant, s'élança à terre, coiffa Véronique du foulard et la couvrit du pardessus qu'il lui avait offert; puis l'enlevant dans ses bras, la plaça sur le cheval, qu'il enfourcha.

— Oh! mon Dieu, je vais tomber.

— Retenez-vous à moi; ne craignez rien, mademoiselle; je suis un honnête garçon, et je ne tirerai jamais avantage du petit service que je suis appelé à vous rendre.

Véronique hésitait encore, mais un nouvel éclat de la foudre vainquit son dernier scrupule, et ses petites mains s'accrochèrent aux basques de l'habit de Pierre. A ce moment, une charrette traversait un chemin voisin de celui où se trouvaient les deux jeunes gens ; Pierre l'aperçut et lança son cheval dans cette direction.

Le charretier le renseigna, et quelques minutes après il remettait Véronique aux mains de l'autre sous-maîtresse et des élèves qui s'étaient réfugiées à l'île de Calypso. Il fut remercié mille fois, surtout par Véronique, qui, en lui restituant son paletot et son foulard, lui adressa un gracieux et reconnaissant sourire, qui fit grande impression sur le jeune commis.

Pendant ce temps, que s'était-il passé au restaurant du Garde-Chasse ? Nous allons le savoir.

Les compagnons de Pierre ne s'étaient pas égarés et étaient revenus à cinq heures précises. Après l'avoir attendu un quart-d'heure, ils s'étaient décidés à se mettre à dîner sans lui ; c'est sur l'herbe que leur festin avait été servi. Tout le monde s'était assis par terre, et Pétronille avait eu le malheur de choisir un endroit où avait stationné sans doute un cheval quelconque, et sa robe était toute gâtée. La gibelotte était assez bonne, mais c'est en vain qu'ils y avaient cherché la tête du lapin et la raison qui pouvait avoir empêché le traiteur de l'y mettre.

Quant au dindon qui, vivant, paraissait être si gros, il était maigre, étique et dur lorsqu'on le leur servit rôti. Dans la salade qu'ils avaient demandée comme accompagnement obligé de la volaille, il s'était trouvé une chenille que Félix avait avalée, et un colimaçon que Lolotte avait croqué; puis la pluie était survenue mêlant son eau aux derniers verres de vin; de sorte qu'ils étaient rentrés fort mécontents chez le restaurateur, auquel ils faisaient des reproches lorsque Pierre reparut.

— Ah ! te voilà ! Eh bien, tu es gentil.

— Comment! je suis gentil... Je vous conseille de vous plaindre. Pendant que moi, qui n'ai rien pris depuis ce matin, je m'égarais et recevais une averse indigne sur le dos, vous autres vous dîniez supérieurement.

— Supérieurement ! oui, je t'en moque, avec une gibelotte sans tête, une volaille desséchée et une salade aux chenilles et aux colimaçons.

— Et puis moi qui ai taché ma robe, dit Pétronille.

— Tiens, c'est vrai; où donc diable vous êtes-vous assise ? dans de la bouse de vache ?

— Non, dans de la bouse de cheval.

— Pauvre Pétronille ! mais je meurs de faim, moi ; voyons vite, fricoteur, une omelette pour quatre, je me sens de force à la consommer.

— Au lard, monsieur ?

— Tout ce qu'il y a de plus au lard.

Pendant qu'on la lui confectionnait et que quelques minutes plus tard il la mangeait, Didier avait repris à partie le restaurateur et voulait à toute force que celui-ci lui expliquât ce qu'il avait fait de la tête du lapin.

— On ne met plus les têtes de lapins dans les gibelottes, monsieur ; c'est mauvais genre, balbutiait celui-ci.

— Je ne peux pas rester comme ça, moi, disait Pétronille ; gâte-sauce, un chiffon mouillé que je lave ma robe.

— Par ici, madame, par ici, répondit le marmiton ; et il s'apprêtait à ouvrir une porte latérale donnant dans un réduit où allait le suivre Pétronille, lorsque le traiteur le fit pirouetter en disant :

— Mais, non ! pas par là, imbécile !

Et il prit la peine de donner lui-même à Pétronille ce qu'il lui fallait pour le nettoyage de sa robe.

— Pourquoi donc le gargotier ne veut-il pas

que l'on aille par là ? dit Nini tout bas à Lolotte. Viens donc un peu voir ce que c'est que ce réduit mystérieux.

Sans avoir l'air de rien, toutes deux s'avancèrent près de la porte défendue, et sans que le traiteur eût de nouveau le temps de s'y opposer, elles l'ouvrirent.

Alors se révéla le mystère du lapin sans tête et du dindon coriace : le panier d'osier à claires voies était là, ne contenant plus de chat gris, mais bien un bel et gros dindon, qui salua Lolotte d'un cri en tout semblable à ceux qu'il avait fait entendre dans la basse-cour et en voiture. Malgré les dénégations de l'hôte, il demeura patent pour ses convives qu'il leur avait fait manger le chat gris et servi à la place de leur magnifique volaille un vieux dindon rôti depuis quinze jours au moins, et qui pendant ce laps de temps avait orné la montre de ce Vatel de Romainville. La fureur générale aurait évidemment mal tourné pour le restaurateur, si Pierre, dont l'omelette était bonne, ne s'était pas interposé. Il fit si bien, qu'on finit par en rire, mais seulement du bout des dents, et en jurant de ne plus remettre les pieds au Rendez-vous de Chasse, et d'empêcher d'y venir tous les amis et connaissances. Puis on regagna Paris.

Pétronille, qui n'avait pas trouvé Pierre fort aimable en venant, n'eut pas plus à se louer de sa galanterie au retour. Quoique lui donnant le bras, il ne lui adressa pas une seule fois la parole; il était trop préoccupé de la rencontre qu'il avait faite ; l'image de Véronique remplissait sa pensée, et y demeura gravée ineffaçablement jusqu'à deux ans de là, que le hasard la lui fit rencontrer de nouveau.

IV

DEUX ORPHELINS.

Derrière et attenant à l'église de Pontoise, monument assez remarquable, se trouve le cimetière de cette petite ville. En 1810, époque à laquelle s'y passèrent les scènes qui vont suivre, son aspect était des plus riants ; on aurait pu le prendre pour un jardin anglais : dans ses allées ne poussaient ni chiendent ni autres herbes parasites ; de fraîches fleurs souriaient sur toutes ses tombes, depuis celles ornées du monumental mausolée, jusqu'à celles n'ayant leur épitaphe gravée que sur la simple pierre tumulaire ou peintes en lettres blanches sur l'humble croix de bois noirci.

C'était encore en plein mois de juillet, encore un dimanche et encore à deux heures de l'après-midi. La cloche de la petite église sonnait, mais non plus à toute volée comme le matin, pendant la messe; non plus riante et joyeuse: elle sonnait tristement, plaintivement; elle sonnait pour un enterrement qui allait avoir lieu sans doute. Oui, car deux fossoyeurs achevaient de creuser dans le sable du champ de repos une fosse nouvelle, puis ils posaient sur cette fosse les deux planches nécessaires à la descente de la bière : à peine avaient-ils pris ce dernier soin, que le son de la cloche s'arrêta tout à coup; c'était le corps qui sortait de l'église et qu'on leur amenait.

Un cortége nombreux suivait le convoi, qui était celui d'une femme, ainsi que l'indiquait la croix blanche du drap funéraire. Tout le monde avait une contenance grave et décente; mais un seul personnage était en proie aux angoisses de la douleur la plus violente : de ses deux yeux, rouges et enflammés, s'échappaient des torrents de larmes; des sanglots gonflaient sa poitrine; pour en contenir les éclats, il était obligé de mordre convulsivement son mouchoir.

Pauvre garçon! c'était donc une bien grande perte qu'il venait de faire dans la personne qu'il conduisait à sa dernière demeure...

Oui, il pleurait sa mère.

Perdre sa mère! Est-il une douleur ici-bas qui puisse être comparée à celle-là?

Pierre, c'était lui, avait reçu la veille le dernier baiser de sa mère.

On arriva sur le bord de la fosse ; là, le cortége funèbre s'arrêta ; les amis se rangèrent à droite, les prêtres prirent place à gauche, et Pierre, le pauvre Pierre, demeura au milieu : immobile, l'œil hagard, l'air inerte, la vie semblait l'avoir abandonné aussi.

Après qu'ils eurent enlevé le drap mortuaire, les porteurs remirent leur fardeau entre les mains des fossoyeurs, et Pierre ne fit pas un mouvement.

Les fossoyeurs, à leur tour, descendirent à l'aide de deux grosses cordes la bière dans la fosse, et Pierre ne bougea pas.

Mais quand vint à frapper son oreille le bruit sec et sonore que fait en tombant sur le coffre la première pelletée de terre qui y est jetée par le prêtre, une commotion électrique se produisit en lui et le tira de sa torpeur.

Ma mère ! s'écria-t-il avec un accent déchirant... Oh ! ma mère, et les pleurs jaillirent de nouveau de ses yeux, et, chancelant, éperdu, il allait perdre l'équilibre et tomber près de celle qui n'était plus : on le retint.

— Merci, merci, dit-il, j'ai de la force, du courage, et je voulais seulement m'agenouiller.

Il s'agenouilla en effet, et s'abîma dans une prière si ardemment fervente et désolée, qu'il ne s'aperçut ni du défilé des amis de sa mère, jetant à celle-ci une bénédiction dernière, ni de leur départ, car ils partirent sans oser l'arracher à sa pieuse oraison mentale, ni du travail des fossoyeurs, qui achevèrent de combler la fosse et s'éloignèrent aussi, respectueux pour cette douleur si vraie et si profonde, qu'ils en étaient émus eux-mêmes, dont l'état est de voir pleurer et se désoler.

Quelques instants après le départ des amis, des prêtres et des fossoyeurs, une jeune fille en grand deuil s'approchait de la tombe voisine de celle sur laquelle priait Pierre.

Voici ce que l'on pouvait lire sur la colonne brisée qui était le monument allégorique de cette tombe :

Ici repose Jean-Mathurin Desvignes, décédé le 7 mai 1809 et Marie-Véronique Desoignes, née Rozale, son épouse, décédée le 5 février 1810.

Puis, cette simple épitaphe :

Mon père, mon excellente mère, du haut des cieux veillez sur votre fille ; protégez-la, car maintenant elle est seule, toute seule en ce monde. Dieu lui fasse la grâce de vous aller bientôt rejoindre.

La jeune fille portait deux couronnes d'immortelles, que son premier soin fut d'accrocher au fût saillant de la colonne; puis elle se mit à genoux et pria longuement aussi. Ensuite elle se releva, essuya ses yeux humides, et après un dernier regard de tendre regret jeté sur les noms des deux êtres qui dormaient là, elle allait s'éloigner, lorsqu'un soupir profond attira son attention : c'était de la poitrine de Pierre qu'il sortait ; succombant à l'excès de sa douleur trop vive, il venait de s'évanouir. Véronique, à cette vue, s'approcha vivement ; car c'était Véronique, Véronique, la jeune sous-maîtresse que nous avons vue si gaie, si insouciante au chapitre précédent. Le double malheur qui pendant le cours de ces deux années avait frappé la pauvre enfant la rendait presque méconnaissable ; à force de larmes, ses yeux étaient devenus caves, son visage amaigri ; ses joues, si roses autrefois, étaient d'une pâleur maladive, et sur ses lèvres une expression mélancolique remplaçait le gracieux sourire qui jadis les épanouissait constamment.

Véronique s'était donc vivement approchée de Pierre ; elle tira son flacon et lui en fit respirer les sels. Mais cela ne suffit pas à ranimer ses sens ; alors, elle appela ; le gardien du cimetière

l'entendit et vint sur-le-champ; il chargea
Pierre sur son épaule et l'emporta chez lui. Véronique s'offrit à aller chercher un médecin;
elle courut, et revint bientôt accompagnée de
l'homme de l'art, dont les soins ne tardèrent pas
à rappeler Pierre à la vie.

— Où suis-je? dit-il.

— Pauvre jeune homme! vous vous étiez
évanoui là-bas.

—Là-bas! où donc? Ah! oui, je me souviens...
Oh! ma mère, ma mère!

— Heureusement, mademoiselle s'est trouvée là et m'a appelé.

— Mademoiselle! De qui parlez-vous?

En prononçant ces paroles, Pierre tourna les
yeux sur Véronique, et malgré le changement
notable de ses traits, il la reconnut sur-le-
champ. Véronique n'avait gardé qu'un vague
souvenir de l'aventure du bois de Romainville,
et le visage de celui qui lui avait rendu le
léger service de la remettre dans le bon chemin
ne s'était pas gravé dans sa mémoire.

Nous savons qu'il en avait été autrement de
Pierre, et que depuis deux ans il nourrissait le
désir de la revoir sans oser pourtant l'espérer.

La circonstance dans laquelle il la retrouvait
produisit sur lui une impression salutaire qui vint

faire diversion à son immense chagrin, et ce fut comme un baume consolateur qui se répandit sur la blessure de son âme.

— Vous ici, vous, mademoiselle! n'est-ce pas une vision, un rêve? Suis-je bien revenu à moi?

— Eh! quoi, monsieur, me connaissez-vous donc? nous sommes-nous déjà trouvés ensemble?

— Quoi! vous ne vous souvenez plus : il y a deux ans...

— Deux ans?... Oui, c'est vrai, monsieur; oui, au bois de Romainville, vous fûtes assez bon pour me venir en aide.

—C'était à pareil jour, à pareille heure, hélas! ajouta Pierre en revenant tout à coup au sentiment de sa position présente; j'étais gai, joyeux ce jour-là; la veille j'avais reçu une lettre de ma mère où elle me disait ne s'être jamais mieux portée, où elle m'engageait à l'aller voir. J'y fus, et je la trouvai en effet alerte, vive et florissante... tandis qu'aujourd'hui, oh! mon Dieu, vous ne le savez pas, mademoiselle, j'ai perdu ma mère! Elle est morte, et c'est sur sa tombe que tout à l'heure vous m'avez trouvé évanoui.

Véronique ne répondit que par deux larmes silencieuses.

— Vous pleurez, mademoiselle ; est-ce donc que vous... ici... Mais oui, ces vêtements de deuil... Pendant ces deux années qui viennent de s'écouler, avez-vous donc perdu aussi quelqu'un qui vous fut cher ?

— Mon père et ma mère, monsieur.

— Oh ! nous sommes donc aussi malheureux l'un que l'autre ?

— Seuls sur la terre.

— Tout seuls.

D'un même mouvement sympathique, les deux jeunes affligés se tendirent la main et se la serrèrent, puis Pierre se leva et ils quittèrent ensemble la loge du gardien. Par cette étreinte, une espèce de pacte d'intimité sembla tacitement se conclure entre eux deux ; ils se promenèrent longtemps par les allées du parc funèbre, en s'entretenant de leur douleur commune. Ils trouvèrent une consolation à se rappeler les incidents de la maladie de leurs parents ; ils se faisaient un douloureux plaisir de raviver leur plaie et s'appelaient ami et amie, lorsque le hasard, ou plutôt une secrète attraction, les ramena en face des deux tombes. Ils s'agenouillèrent ensemble et prièrent encore. Quand ils se relevèrent enfin, c'est en se soutenant l'un l'autre qu'ils sortirent du cimetière. Pierre reconduisit Véronique jusqu'à sa demeure, et ils se promirent bien de se revoir le lendemain : le lieu du rendez-vous fut celui-là même d'où ils venaient de s'éloigner.

Ils s'y retrouvèrent en effet le lendemain et les jours suivants. Pendant deux mois, cette rencontre eut lieu dans les mêmes conditions ; mais leur douleur, devenue moins vive sinon moins profonde, avait dégénéré en une douce mélancolie ; leur entretien, qui commençait toujours par les souvenirs de leurs parents, se terminait souvent par des projets d'avenir pour eux-mêmes.

Ils ne tardèrent pas à s'aimer, ou peut-être Véronique ne tarda pas à aimer Pierre autant que celui-ci l'aimait, à se le dire et à se promettre de n'être jamais que l'un à l'autre.

V

LE PLUS BEAU JOUR DE LA VIE.

A dix mois de là, c'est-à-dire un an après la
mort de la mère de Pierre, quatre heures du
matin sonnaient à la pendule placée sur la cheminée de la chambre de celui-ci ; il était déjà réveillé, ou plutôt il ne s'était pas encore endormi,
quoiqu'il se fût couché bien tard la veille. Cette
fois, ce n'était ni le chagrin ni la douleur qui lui
avaient causé cette insomnie ; tout au contraire,
la douce certitude d'un bonheur désiré par lui
depuis si longtemps, et devant se réaliser le lendemain même, lui avait rempli le cerveau de si
doux songes que le meilleur sommeil n'aurait
certes pas pu lui en fournir de plus riants et de
plus flatteurs.

Il allait donc enfin devenir l'époux de Véronique ; quelques heures encore, et il la condui-
rait à l'autel et y échangerait avec elle un

doux serment d'amour et de fidélité éternels,
serment qui serait ici-bas béni et sanctifié par
les hommes et par les ministres de Dieu, et dans
le ciel par Dieu lui-même et par sa mère. Il y
avait longtemps que Véronique et Pierre avaient
pris la résolution de devenir mari et femme ;
mais, d'un commun et tacite accord, il avait été
convenu entre eux que ce doux projet ne rece-
vrait sa réalisation qu'à l'expiration de leur
deuil ; et puis, avant de se mettre en ménage, il
fallait s'assurer une existence indépendante
bien que laborieuse ; il fallait que Pierre ne fût
plus simple commis à 600 fr. d'appointements ;
il fallait que Véronique pût quitter sa place de
sous-maîtresse ; cela demandait du temps, et ils
n'eurent pas trop de ces dix mois pour régula-
riser leurs petites affaires.

Ils s'apportaient mutuellement en dot l'héri-
tage de leurs parents : Véronique, un millier
d'écus, et Pierre cinq mille francs environ. Avec
huit mille francs se monter une maison modeste mais convenable, et de plus fonder un
établissement, entreprendre un commerce, cela
n'était pas facile ; mais Pierre était reconnu par-
tout pour un garçon si probe, si laborieux et si
honnête ; Véronique était si bonne, si douce, si
charmante et si pure, que l'on s'intéressa à eux :

on leur fit de toutes parts des offres de service ;
il y eut même des capitalistes qui leur complé-
tèrent la somme de quinze mille francs qui,
d'après leurs calculs, leur était nécessaire pour
la fondation d'un petit magasin de nouveautés,
ne demandant aucune garantie et se fiant tout
à fait à leur bonne mine et à l'heureuse chance
qui, disaient-ils, ne pouvait manquer de s'attacher aux opérations d'un couple aussi bien as-
sorti.

— Quatre heures seulement, dit Pierre; oh !
non, j'ai mal compté; cela n'est pas possible, ou
c'est que ma pendule retarde.

Non pas, elle avançait, car l'horloge de
Saint-Laurent répéta la même heure qui venait
de tinter à la pendule. Il n'y avait plus à douter; Pierre poussa un soupir.

— Et ce n'est qu'à neuf heures, dit-il, que je
dois aller chez Véronique... encore cinq heures
avant de la voir... je ne mettrai jamais tout ce
temps-là à m'habiller... Si je pouvais dormir
au moins. Bah ! depuis hier minuit, j'essaie et
je ne peux y parvenir, et puis, si une fois endormi, j'allais me réveiller trop tard... Oh ! non,
non, restons éveillé, et même je ferai bien, je
crois, de me lever, car lorsqu'on est resté ainsi
toute une nuit les yeux ouverts, quelquefois la

fatigue l'emporte, et le sommeil vous vient sans qu'on s'en doute. C'est ça, levons-nous.

Pierre sauta en bas du lit et porta tout d'abord ses yeux sur la pendule ; il espérait tout bas s'être trompé deux fois, et pour la troisième fois il acquit la certitude que ce n'était bien que quatre heures qu'il avait entendu sonner.

Nouveau soupir, après lequel il revêtit, le plus lentement possible, son costume du matin, puis il alla ouvrir sa fenêtre et s'y plaça pendant quelques instants. La rue était déserte, on n'y voyait que quelques balayeurs; pas une boutique n'était ouverte, et dans les réverbères brillaient encore quelques mèches allumées. Cela l'impatienta, il rentra et se mit à tourner, à virer dans sa chambre.

— C'est donc la dernière fois, dit-il, que je couche dans cette mansarde, dont mon patron paie le loyer, et dont les meubles ne m'appartiennent pas ; demain, je serai chez moi, que dis-je ? chez nous ! et non pas demain, mais ce soir même, tantôt. Oh ! que nous allons donc être heureux ! j'aime tant Véronique, et elle m'aime bien aussi, elle... et j'aime à croire qu'elle n'a pas plus dormi que moi, et que dans sa chambrette de la rue de Paris, à Belleville, elle s'occupe en ce moment comme moi à s'ennuyer et à désirer que les heures qui nous séparent encore s'écoulent bien vite. Que peut-elle faire? peut-être essaie-t-elle sa toilette de mariée; j'étais là hier au soir quand on la lui a apportée; comme elle lui ira bien! comme elle sera jolie!... Tiens, mais au fait, si j'essayais la mienne. Oui, c'est cela, ça me prendra bien au moins une demi-heure.

Heureux d'avoir trouvé ce moyen de tuer le temps, Pierre se dirigea vers sa commode et en tira un pantalon, un gilet et un habit tout neufs. Ils lui avaient été livrés la veille et brillaient de la plus excessive propreté; néanmoins, il les secoua, les brossa, les lustra, puis enfin il s'en revêtit.

— Ils me vont bien, dit-il.

Et ce fut plutôt avec un certain dépit qu'avec une vraie satisfaction qu'il prononça ces quatre mots; il avait espéré que quelque faux pli, quelque bouton placé ou trop haut ou trop bas lui fournirait le prétexte d'aller réveiller son tailleur, pour l'obliger à réparer cette faute. Du faubourg Saint-Denis jusqu'à la rue Montmartre, aller et revenir, il lui aurait fallu au moins une heure, le même laps de temps eût été nécessaire à la mise en état des vêtements incomplets, et puis le tailleur aurait peut-être eu le sommeil dur, et puis, et puis... enfin sept heures seraient arrivées, ses deux garçons d'honneur, Didier et Félix, seraient venus; il aurait causé avec l'un, tandis que l'autre serait allé chercher une voiture.

Mais non, les habits allaient bien.

Néanmoins, sept heures finirent par sonner.

—Enfin! dit Pierre. Ah! mon Dieu! continua-t-il, je n'ai pas mis ma chemise brodée.

Il l'avait fait exprès.

— Je n'ai que le temps... Dépêchons-nous.

Il répara ce soi-disant oubli, et se trouva enfin définitivement revêtu de son costume de marié.

Alors commença pour lui une nouvelle série d'impatiences.

— Ces messieurs n'arrivent pas! s'écria-t-il; pourvu que Didier et Félix n'aient pas oublié l'heure à laquelle ils doivent venir me prendre. Ce Didier est si paresseux; c'est le diable quand il faut le faire lever avant neuf heures... Si, au lieu de l'attendre, j'allais le chercher... Mais il faudrait traverser la rue, et dans ce costume, à pareille heure, ce serait ridicule. Voyons, y a-t-il beaucoup de monde dans la rue?

Il se remit à sa fenêtre.

— Je crois bien, je n'en ai jamais tant vu; on dirait que c'est un fait exprès, toutes les boutiques sont ouvertes. Pourquoi donc tous ces gens se lèvent-ils de si bonne heure? ils ne se marient pas, eux! Ma foi, tant pis, ils diront ce qu'ils voudront, je vais chez Didier.

Il avait pris son chapeau et se disposait à sortir, lorsque deux coups furent frappés à sa porte. Il ouvrit, et Didier et Félix entrèrent dans sa chambre.

— Enfin, vous voilà, c'est heureux; je commençais à croire que vous ne viendriez pas, j'allais me rendre chez vous.

— Ne pas venir? allons donc. C'est pour sept heures précises que nous avions pris rendez-vous, et tu entends, les voilà qui tintent à l'église voisine; il est impossible de se montrer plus exacts.

— Nous croyions même encore te trouver au lit; n'est-ce pas, Didier?

— Oui, nous nous promettions de procéder nous-mêmes à ta toilette de noce, et pas du tout, tu es armé de pied en cap.

— Tu es superbe.

— Magnifique, éblouissant, resplendissant; tu as les yeux tout rouges, par exemple; est-ce que tu as pleuré?

— Non, mes amis, non; mais dois-je vous l'avouer? je n'ai pas dormi de la nuit.

— Et pourquoi cela, s'il te plaît?

— Que sais-je, j'étais si impatient d'arriver à
ce matin.

— C'était une raison de plus pour dormir à
deux mains trois cœurs; ça va si vite le sommeil; il n'y a pas de véhicule par lequel on
voyage avec plus de vélocité que lui : au lieu de
rêvasser, il fallait te jeter franchement dans ses
bras, et, bercé doucement parlui, tu eusses dé-
voré sans t'en apercevoir les quelques heures
qui te séparaient du moment fortuné.

— Je l'ai essayé, mais il n'a pas voulu venir.

— Il y a des moyens de l'y forcer chez le premier pharmacien venu; Morphée adore le lau-
danum, et en lui en faisant avaler quelques
gouttes... c'est le moyen que j'emploie toujours,
moi, quand pour le lendemain je me promets
un plaisir assez grand pour que le sommeil en
devienne jaloux et fasse la coquette avec moi.

C'est en descendant les cinq étages de la maison habitée par Pierre que cette conversation
avait lieu.

Un modeste carrosse de remise stationnait devant la porte; les trois jeunes gens y montèrent,
l'ordre fut donné au cocher de brûler le pavé,
et le cocher y consentit, quoiqu'il eût été pris à
l'heure; il est vrai qu'il ne risquait rien, puis-

qu'on devait le garder jusqu'après la céré-
monie.

Et cependant, malgré la façon toute conscien-
cieuse dont il faisait trotter son attelage, Pierre
l'arrêta trois fois pour lui recommander d'aller
plus vite encore; il l'aurait fait arrêter dix, si
Didier ne lui avait fait observer qu'il lui faisait
perdre beaucoup de temps en renouvelant à ce
point ses recommandations de n'en pas perdre.
Enfin l'on arriva.

Pierre ne s'était pas trompé à l'égard de Véronique : comme lui, la chère enfant avait passé
une nuit blanche; comme lui, elle s'était levée
de bien bonne heure; comme lui, elle avait essayé plusieurs fois sa toilette de noce avant que,
aidée par ses demoiselles d'honneur, elle ne s'en
fût revêtue définitivement; aussi sa joie en le
voyant ne fut pas moindre que celle qu'il
éprouvait lui-même; elle ne chercha pas à la
dissimuler; elle ne baissa pas les yeux et crut
ne devoir affecter ni trouble, ni contrainte, ni
confusion; gentilles hypocrisies, très-usitées
pourtant chez les demoiselles près de devenir
dames; elle se laissa aller à tout l'élan de sa
naïve tendresse, et elle fut bien heureuse d'en
lire une semblable dans les yeux de son pré-
tendu.

Pierre, Didier et Félix n'étaient pas en retard, au contraire, et une demi-heure se passa avant que les derniers personnages que l'on attendait pour partir fussent arrivés, c'est-à-dire les témoins, puis la maîtresse de pension de Véronique, qui devait lui tenir lieu de mère, et quelques-unes de ses anciennes compagnes; ensuite l'ancien patron de Pierre et les autres commis de son magasin.

Neuf heures sonnèrent, et l'on se mit en route pour la municipalité.

De mémoire de maire et d'adjoints, jamais deux *ouis* plus éclatants de tendresse sincère ne furent échangés entre époux.

Car les voilà époux, liés l'un à l'autre, liés pour toujours. Qu'ils sont heureux! Sur leur passage, alors qu'ils se rendirent de la mairie à l'église, vingt mendiants se présentèrent, et pas un ne se retira les mains vides; dix bouquets, quinze compliments de circonstance leur furent offerts; ils les prirent et les payèrent tous. Leur union fut sanctifiée à la chapelle de la Vierge.

Au sortir de l'église, un déjeuner simple, mais confortable, les attendaient au restaurant de l'île d'Amour. Ce déjeuner était offert de compte à demi par le patron de Pierre et la maîtresse de Véronique; ce repas fut charmant de franche gaieté et d'entrain sympathique; Didier chanta des couplets fort jolis qu'il avait composés, et qui furent applaudis et arrosés de champagne, car il y eut du champagne au dessert; Félix Mayer tâcha d'être spirituel, et y réussit quelquefois.

En se levant de table, on se demanda ce qu'on allait faire pour s'occuper le restant du jour : le temps, qui était devenu mauvais, ne permettait pas de songer à la promenade.

— Si nous allions visiter le magasin et l'appartement des nouveaux mariés, proposa Didier.

La motion fut adoptée à l'unanimité. On remonta en voiture, et peu de temps après, l'on s'arrêta rue du Faubourg-du-Temple, n° 46.

VI

UNE LAYETTE POUR DEUX SOUS.

Le rez-de-chaussée de cette maison se composait d'une petite boutique, dont la devanture venait d'être entièrement repeinte et restaurée à neuf; à l'excessive propreté de ses volets gris à filets bleus, il était facile de s'apercevoir que depuis quelques heures à peine les ouvriers y avaient mis la dernière main. Elle avait pour enseigne deux mains enlacées, sous lesquelles étaient écrits ces quatre mots : *A la bonne foi!* puis à droite et à gauche de ce symbole, se lisaient, tracés en lettres d'or sur un fond blanc : *Lingeries, nouveautés, merceries,* etc.

Cette maison était celle où allaient loger Pierre et Véronique; cette boutique était celle où ils allaient commencer leur petit commerce.

Toute la noce y entra. On commença d'abord par visiter l'appartement situé au premier étage, et communiquant au magasin par un escalier particulier. Il n'était ni grand, ni grandiose ; trois pièces seulement, une chambre à coucher, une salle à manger et une petite cuisine. Au magasin, il faisait sombre, et Véronique se plaignit de ne pas pouvoir considérer l'aspect des marchandises qu'on y avait, la veille, apportées, rangées et étiquetées. Il ne lui fallut pas en dire davantage pour que l'on s'empressât de combler son désir ; les garçons d'honneur et le marié lui-même redevinrent commis de magasin, ils ôtèrent les boulons et les barres de fer qui retenaient les volets, puis les volets eux-mêmes ; la boutique s'éclaira, et Véronique poussa un cri de joie en remarquant l'ordre parfait, le goût exquis qui avaient présidé à l'arrangement des deux montres ; elle admira les étoffes nouvelles, drapées avec élégance, les rubans de soie aux mille couleurs formant de gracieuses guirlandes, puis des broderies, des canevas, des tapisseries ; enfin, pour terminer, tout ce qui concerne la mercerie, la lingerie et la nouveauté. Rien n'y manquait, depuis le simple écheveau de fil jusqu'au flocon de soie, depuis le bouton d'os jusqu'à celui de nacre, depuis l'indienne jusqu'au satin, depuis les layettes d'enfants jusqu'aux trousseaux de mariées.

— Maintenant que voilà la boutique ouverte, proposa Didier, procédons à l'installation dans son gentil comptoir de la plus gentille marchande ; le voulez-vous?

— Oui, oui, répondit-on en chœur.

— C'est moi que ça regarde, dit Pierre, et prenant la main de Véronique, il la conduisit à la banquette de velours nacarat qui garnissait le comptoir, l'y fit asseoir et s'y assit près d'elle.

Alors, tous les gens de la noce se pressèrent autour d'eux, et l'un d'eux demanda qu'il leur fût immédiatement vendu et livré quelque chose.

—C'est cela, étrennons le magasin de la *Bonne foi* et puissions-nous lui porter bonheur.

— Non, dit Véronique, non pas vous ; vous n'êtes pas de véritables pratiques, des clients sérieux ; quelle que soit la manière dont je vous serve, dont je vous parle, vous serez toujours contents ; c'est aussi mon avis d'inaugurer mon commerce aujourd'hui et sous mon costume de mariée, je trouve l'idée charmante, et j'en remercie celui à qui elle est venue.

— C'est à moi, dit Félix tout fier.

— Mais je veux que le bon Dieu lui-même se charge de m'envoyer mon premier acheteur.

— Et après ce sera notre tour?

— Oh! tant que vous voudrez.

— Mais c'est, ajouta Pierre, qu'il va peut-être se faire attendre longtemps.

—Oh! non, il y a trop de monde assemblé devant notre porte, pour que, ne fût-ce que par curiosité, l'une de ces personnes ne vienne pas faire une acquisition quelconque : quand ce ne serait qu'un sou d'épingles, je serais satisfaite.

Il y avait foule, en effet, devant le magasin de la *Bonne foi*, les passants regardaient avec une joyeuse surprise cette jolie petite mariée et ce beau garçon, son époux, assis dans leur comptoir et semblant du regard les engager à venir acheter quelque chose. Ils seraient bien entrés, mais ils n'osaient; ils ne pouvaient croire que dès ce moment les nouveaux établis ne demandassent pas mieux que de se livrer au service du public.

La porte restait donc fermée, et des passants dont le nombre augmentait toujours, aucun ne se décidait à l'ouvrir; ça commençait à impatienter Pierre et à chagriner Véronique, qui voyait là, murmurait-elle, un triste présage pour l'avenir. Félix n'était plus tout à fait aussi fier de son idée, et Didier le blâmait de l'avoir eue, lorsqu'enfin une main se posa sur le bouton

de la porte, qui s'ouvrit, et, la refermant derrière lui, un personnage entra.

Il n'était ni beau ni bien fait, il n'était ni élé-
gant ni propre, il n'était ni frisé ni musqué ; sa
démarche n'avait ni majesté ni grâce.

Au contraire.

Il avait le nez bourgeonné, la bouche de tra-
vers, un œil de moins et une jambe trop courte.

Il n'avait sur le dos qu'une blouse bleue dé-
chirée, sans chemise dessous, et sur le reste
qu'un pantalon garance, anciennes chausses
militaires non moins déchirées que la blouse,
puis des souliers troués et éculés, puis des mains
sales, une barbe pas faite, des cheveux ébourif-
fés, et de tout cela s'exhalant une certaine odeur
d'alcool qui vous prenait au nez et à la gorge.
Il boitait et il trébuchait en marchant, non-seulement à cause de sa jambe trop courte, mais
encore parce qu'il était gris. Gris n'est pas le
mot, il était soûl ; soûl n'est pas le mot, et ce
n'est que depuis quelques vingt ans qu'on en a
inventé un autre qui peut exprimer parfaitement
ce qu'il était.

Pochard ? oui, il était pochard. Oui, c'était un
pochard qui, le premier, entrait pour acheter
quelque chose dans le magasin de merceries, lingerie et nouveautés, à l'enseigne de la *Bonne foi*.

Et cependant jamais chaland à carrosse doré, suivi de laquais galonné, ne fut reçu avec autant de joie, accueilli avec autant de reconnaissance que ne fut reçu et accueilli ce pochard par Pierre et Véronique. Didier riait, Félix se moquait, les autres gens de la noce se retenaient pour n'en pas faire autant; mais Pierre et Véronique le prenaient au sérieux ce premier client-là, et quand à grand'peine il fut parvenu jusqu'au comptoir, où, pour se caler, il appuya ses deux mains calleuses et crasseuses, c'est de son ton le plus engageant que Pierre lui dit :

— Que puis-je offrir à monsieur ?

C'est de son air le plus gracieux que Véronique lui sourit, en ajoutant avec une volubilité charmante :

— Que désire, monsieur ? du coton, du fil, des aiguilles, des épingles, des rubans, des bretelles, des jarretières, une cravate, des chemises ?

Le pochard, étonné de ce flux de paroles, jeta sur Véronique un regard hébété, ouvrit la bouche pour parler, mais n'y put parvenir ; il poussa seulement un long *héé!*... Puis, portant sa main droite à la poche de son pantalon, il en tira deux sous en liards, dont les deux tiers n'étaient que des boutons aplatis. Il prit la peine de les aligner sur le comptoir; puis, retrouvant subitement la parole, il dit d'une voix enrouée et avinée :

— Ça fait deux sous, pas vrai?

— Oui, monsieur, oui; que vous faut-il? répliqua Véronique, toujours aussi gracieuse et aussi souriante.

— Garçon! cria alors à tue-tête le pochard, un polichinelle d'eau-de-vie?

A ces mots, tout le monde partit d'un grand éclat de rire; tout le monde, non pas; Pierre eut un mouvement prononcé de mauvaise humeur, et Véronique fit une petite moue toute triste : ce n'était pas un client sérieux, il s'était trompé de boutique et avait cru entrer chez un distillateur.

— Eh bien! garçon, quand est-ce? j'ai soif, moi, continua l'homme ivre en frappant à coups redoublés sur le comptoir.

— Ce n'est pas ici un marchand de vins, ivrogne, ne put s'empêcher de dire Pierre.

— Mettons-le à la porte, ajoutèrent Didier et Félix; et ils allaient le faire, lorsqu'une femme qui portait un petit enfant à la mamelle, et qui venait, en passant, de jeter un coup d'œil dans le magasin, y entra précipitamment :

— Te voilà, sac à vin, vaurien, pas grand'

chose, dit-elle en s'adressant à l'ivrogne, ébaubi
de cette apparition subite. Qu'est-ce que tu fais
ici? qu'est-ce que tu viens ennuyer ces personnes respectables, qui devraient déjà t'avoir
mis à la porte à grands coups de manche à
balai.

L'ivrogne regarda sa femme sans avoir l'air
de la reconnaître, ni de rien comprendre à ses
paroles; puis, frappant de plus belle :

— Deux sous d'eau-de-vie, sacré nom! re-
dit-il.

— C'est ça, boire, toujours boire, jusqu'à ton
dernier sou; ça t'est égal que ta femme n'ait pas
de quoi manger, que ton enfant n'ait pas de
quoi se garantir du froid, monstre! va, monstre!

Puis se retournant vers les assistants :

— Pardon, excuse, messieurs et dames,
ajouta-t-elle, c'est que je suis bien malheureuse,
allez, depuis un an seulement que je suis mariée à ce gueux-là; il n'a jamais voulu rien faire,
il me laisse manquer de tout, moi et mon pauvre petit enfant; ces deux sous, ce sont les derniers, et je n'ai pas mangé depuis hier; et vous
le voyez, la pauvre créature que je nourris n'a
pour s'envelopper qu'un vieux chiffon de laine;
et dire qu'il ne veut pas travailler, il est pourtant jeune et fort; mais à quoi emploie-t-il sa

force? à se battre. C'est en se battant qu'il s'est fait estropier d'une jambe et d'un œil; c'est un malheur, mais ca ne l'empêcherait pas de gagner sa vie, s'il voulait, puisque ses mains lui restent; mais non, il préfère courir se battre encore et boire. Ah! je suis bien malheureuse!

Tout le monde était attendri, car c'était en effet une bien grande misère que celle de cette pauvre femme et de son petit enfant.

L'ivrogne, qui s'était tu et avait écouté stupidement les nouvelles apostrophes de son épouse, la voyant s'arrêter, répéta son refrain :

— Un polichinelle de deux sous!

— C'est trop fort! dit la femme, et elle avança la main pour ramasser les huit liards qu'y avait étalés son homme.

— Laissez, dit Véronique, à qui une idée était venue, je prends ces deux sous, mais je ne vais pas donner à votre mari ce qu'il réclame. En échange, je vais vous remettre, pauvre femme, quelque chose de plus utile, et pour vous et pour votre enfant.

— Oh! oui, oh! oui, tu as raison, ma chère Véronique, dit à son tour Pierre, qui comprit.

Et il alla chercher une pièce d'indienne dont il mesura et coupa huit aunes; de son côté, Véronique alla prendre une boîte de carton qui contenait une layette d'enfant et la mit à côté de la robe d'indienne, devant la pauvre femme, qui ne savait que penser.

— Que voulez-vous donc faire, madame? balbutia-t-elle.

— Je vous vends à crédit, répliqua Véronique, cette robe pour vous et cette layette pour votre enfant.

La pauvre femme n'y pouvait croire.

— Prenez, mais prenez donc, pauvre femme, continua la bonne et jolie mariée en lui mettant sur le bras le carton et la pièce d'étoffe, et merci, mille fois, merci à vous de m'avoir étrennée, je prends les deux sous à compte ; tant pis pour votre mari, termina-t-elle, et elle ramassa en effet les huit liards et les mit dans la caisse.

— Ah! madame, madame! murmura toute émue la pauvre femme.

Elle ne put en dire davantage, mais les larmes de reconnaissance qui s'échappaient de ses yeux furent plus éloquentes que ne l'eût été son discours.

— Ah! ça, mais, et mon polichinelle d'eau-de-vie, où ça qu'il est? je ne le vois guère venir, et on a ramassé l'argent! Qu'est-ce que c'est que ces filous-là donc? Mon eau-de-vie, mon eau-de-vie!

C'est le pochard qui parle, on le devine. Dans son exaspération, il ôta de dessus le comptoir ses mains, qui jusqu'alors y étaient restées cramponnées, et, perdant tout à coup l'équilibre, glissa à terre et s'y mit à ronfler. Félix, aidé de deux autres jeunes gens, le prit par les pieds et la tête, et alla l'asseoir dans le coin de la borne la plus voisine.

— Maintenant, avait continué Véronique en s'adressant aux gens de la noce, émus et touchés jusqu'aux larmes de la bonté de son cœur; achetez, messieurs et mesdames, c'est votre tour, et achetez sans marchander, car je vous préviens que la moitié de la somme qui sera produite par vos acquisitions, je la verserai, à titre de don, de cadeau de noces, entre les mains de cette pauvre femme.

Un bravo général accueillit cette proposition. Ils étaient dix, et tous dépensèrent au moins vingt francs chacun; ce fut donc une centaine de francs qui furent remis à l'épouse du pochard. Elle s'en défendit en vain; on les lui enveloppa de force dans le coin de son mouchoir; puis on la fit monter dans une des voitures de la noce, et l'un des commis se chargea de la conduire jusque chez elle.

Voilà comment fut inaugurée la boutique de

merceries, lingerie et nouveautés, située rue du Faubourg-du-Temple, n° 46, à l'enseigne de la *Bonne foi*.

Mais ce n'est pas tout : la belle action des nouveaux mariés venait d'être racontée au dehors par ceux qui avaient transporté l'ivrogne au coin de la borne où il dormait. Alors l'enthousiasme s'empara de la foule ; on cria : Vive la lingère ! vive la mercière ! vive la marchande de nouveautés ! et l'on entra, et l'on acheta, et l'on paya, non plus en boutons aplatis, mais en belle et bonne monnaie ayant cours, et le bénéfice de cette vente suffit à couvrir les cent francs déboursés par le jeune ménage : jusqu'à cinq heures, ce fut une procession.

Oh ! qu'ils étaient heureux, Pierre et sa Véronique ! Quels doux regards ils échangeaient tout en servant leur monde !

Mais l'heure du dîner était venue ; on renvoya les chalands qui ne cessaient d'affluer et qui se promirent bien de revenir le lendemain ; on referma la boutique et on regagna l'île d'Amour.

Le dîner y fut plus gai et plus charmant encore que n'avait été le déjeûner ; on y chanta, on y dansa, et ce ne fut qu'à deux heures du matin que Pierre et Véronique rentrèrent à leur domicile.

VII

LE VICOMTE DE CROQUENBOUCHE.

Au second étage d'une maison de belle apparence, située sur le boulevard Saint-Martin, il y avait un appartement dont la chambre à coucher présentait chaque matin le coup d'œil le plus étrange : ce n'était pas par son ameublement qu'elle se singularisait ; il était riche et de bon goût ; le canapé, les fauteuils et les chaises étaient en acajou et recouverts de satin bleu ; la cheminée de marbre blanc supportait une pendule et des flambeaux dorés ; entre les deux fenêtres se trouvait une toilette dite *bonheur du jour* ; un tapis couvrait le parquet ; les rideaux des croisées et de l'alcove étaient de même étoffe que le canapé, les chaises et les fauteuils.

Nous avons fait l'inventaire des meubles ; passons à l'inventaire de ce qu'ils supportaient, un des matins de l'automne de l'an 1811.

Sur la toilette, d'abord : des savons parfumés, des flacons d'eau de Cologne, de musc ; des pots de miel rosat, de pommade de concombre et d'opiat pour les lèvres ; du rouge végétal, du blanc de perles, enfin une arsenal complet de fausse fraîcheur, de fausses couleurs et de fausse jeunesse.

Était-ce donc le sanctuaire d'une actrice ou d'une vieille coquette?

Non ça, il y avait une culotte et des bas de soie étendus sur le canapé : la culotte, livrée à elle-même, avait baissé son pont et ouvert sa brayette de manière que l'on pouvait voir son fond, lequel était garni, des cuisses à la ceinture, de deux tampons de ouate. Les bas de soie, plus discrets, ne livraient pas aussi franchement le mystère de leurs mollets, mais il était facile de s'apercevoir à l'embonpoint que, quoique vides des jambes, ils affichaient de la cheville au genou, que l'on s'était servi à leur égard du même procédé dont semblait se glorifier et s'enorgueillir leur camarade la culotte.

Une redingote était soigneusement étendue sur le dos d'une chaise, et son petit collet empêchait de soupçonner ce qui se passait du côté de sa doublure; mais sous ses pans, et par conséquent sur la chaise, était un petit chat blanc qui dormait, mais qui, s'il n'avait pas dormi, aurait pu remarquer, à l'endroit des épaules de sa tente de drap, une garniture non moins épaisse que celles des bas et de la culotte.

Sur le fauteuil voisin reposait un corset. De femme, sans doute? — Non, ce n'était point un corset de femme; il y manquait sur le devant les deux moules qui indiquent à quel sexe appartient cet ajustement; mais il avait des hanches.

A une patère se remarquait une perruque blonde bien frisotée, bien pommadée, et dont la raie de chair était d'une vérité si saisissante, que l'on aurait pu croire cette toison merveilleuse plutôt née sous le scalpel d'un Mohican que tissée par un perruquier.

En se rapprochant de la table de nuit, on voyait sur son marbre un ratelier de sept ou huit dents, douillettement posé sur la soie d'un écrin ouvert; et puis, à côté de l'écrin, un verre de cristal à demi plein d'eau pure; il y avait au fond quelque chose qui, certes, n'était pas un morceau de sucre; depuis le temps il se serait fondu. Qu'était-ce donc? Un œil, encore un œil, un œil en verre, et d'une imitation aussi parfaite que le toupet.

C'était tout, et c'était, selon nous, bien assez pour causer l'étonnement d'un profane qui, par impossible, serait parvenu à se faire admettre avant midi chez M. le vicomte de Croquenbouche; ainsi se nommait le locataire de l'appartement dans lequel notre privilége de romancier nous a permis de vous introduire.

Il n'y avait qu'un seul individu qui eût sa libre entrée à toute heure de jour et de nuit chez le vicomte de Croquenbouche : c'était Lafleur, son valet de chambre, vieux et fidèle serviteur qui était avec lui depuis l'âge de 20 ans; qui, dans le cours de sa carrière, lui avait mille fois donné des preuves de dévouement, et qui était incapable de laisser transpirer au dehors aucune des imperfections de son maître.

L'heure sonna.

— Une, deux, trois, quatre, cinq, six, sept, huit, neuf, compta tout haut une voix qui se fit entendre derrière les rideaux tirés de l'alcove.

Puis un silence.

Puis, une main, suivie d'un bras, tous les deux décharnés, écarta les rideaux, et, saisissant une sonnette placée auprès du verre à l'œil, sonna trois fois. La porte de la chambre à coucher s'ouvrit, et Lafleur parut sur le seuil de la porte.

C'était un gros bonhomme à ventre rebondi, à figure joufflue, à teint rose, à l'œil vif, et qui ne paraissait pas avoir les soixante ans dont il était âgé : il avait l'air roué et malin ; dans sa jeunesse, il devait avoir été un adroit messager des amours de son maître.

— Monsieur le vicomte a sonné ?

— Oui, Lafleur, il est neuf heures ; viens me lever.

Lafleur s'approcha, et le vicomte, rejetant loin de lui la couverture, se mit d'abord sur son séant ; puis, se laissant glisser sur sa descente de lit, apparut des pieds à la tête dans toute la splendeur de sa laideur phénoménale.

Il fallait que Lafleur fût bien habitué à une semblable apparition pour qu'il ne poussât pas un cri d'effroi ou un éclat de rire ; il eût été bien excusable.

Le vicomte de Croquenbouche avait deux grands pieds plats sans aucune espèce de cors, des pieds d'orang-outang ; ses deux chevilles, saillantes et pointues, semblaient vouloir percer la peau qui les couvrait ; sous son caleçon de tricot se dessinaient deux cuisses d'une maigreur de squelette, et les genoux qui les séparaient, ou plutôt les joignaient, paraissaient être deux boules à ravauder, oubliées dans des talons de bas, et sur cela un gros petit ventre ballonné et mobile ; quant au torse que laissait voir la chemise de nuit entr'ouverte, on en pouvait compter les vertèbres.

Voilà pour le corps, et pour la tête c'était encore plus drôle ou plus hideux : c'était une bouche aux lèvres fanées, à laquelle manquaient toutes les dents du devant de la mâchoire supérieure ; c'était un œil, celui de droite, rouge, chassieux et pleurnichant, et à la place de celui de gauche béait une cavité vide ; c'était, enfin, un crâne chauve comme si on l'eût rasé exprès, et, sur tout cela, des rides à désespérer la pomme de rainette la plus cuite.

Mais c'est donc un vieillard que cet individu ? Non pas, c'est un homme jeune encore, car il compte quarante ans à peine. Mais, depuis l'âge de quinze ans jusqu'après la trentaine, il a mené une existence tellement débauchée, que, d'assez bel homme qu'il était, il est devenu ce que nous le voyons ; ses cheveux sont tombés, puis ses dents, et en duel il a perdu un œil. Depuis quelque temps, il se range et prend un soin extrême de sa personne, espérant reconquérir ses charmes d'autrefois ; mais c'est en vain : rien ne l'affranchira de sa vieillesse anticipée.

La nuit, pour ne pas s'enrhumer, M. le vicomte se couvre le chef d'un joli petit béguin rosé, mais comme il négligeait parfois de le nouer sous le menton, il le perdait souvent, et c'est pourquoi il nous est apparu sans ce complément de sa toilette nocturne.

— Est-ce que monsieur le vicomte est indisposé? demanda Lafleur; d'ordinaire ce n'est qu'à dix heures qu'il me sonne.

— Indisposé n'est pas le mot, Lafleur; mais j'ai été agité toute la nuit, j'ai eu des rêves comme il y a dix ans et plus qu'il ne m'en était survenu.

— Des rêves pénibles?

— Non pas, des rêves agréables, des rêves de femmes.

— Il se pourrait!

— Oui, tu te rappelles qu'hier je fis arrêter ma voiture dans le faubourg du Temple pour y acheter une paire de gants?

— Oui, monsieur le vicomte, et vous ressortîtes de la boutique avec une douzaine.

— Justement. Si je me suis imposé ce surcroît de dépense, c'est que la mercière était si jolie! ah! Lafleur, un vrai bijou.

— Je devine, et monsieur le vicomte a rêvé de cette jolie mercière, de ce charmant bijou?

— Oui, Lafleur; oui, j'ai fait à son endroit

les rêves les plus égrillards; toute la nuit, je l'ai vue me couronnant de roses, passant sa main dans mes cheveux, me frisant la moustache, me donnant à baiser sa main, son front, ses joues et le reste, m'embrassant elle-même. Oui, Lafleur, ce qui m'a réveillé, c'est un baiser qu'elle déposait sur mon œil droit, le bon; hélas! désillusion profonde, ce qui m'avait produit cette sensation délicieuse, c'était une plume sortie de mon oreiller qui me chatouillait l'œil gauche, le mauvais.

— Réalité fâcheuse qui venait détruire une douce illusion.

— Maintenant que je suis éveillé, je te dirai, Lafleur, que je me sens fort amoureux de cette petite marchande; je veux la revoir, et employer tous les moyens possibles pour la séduire. Crois-tu que j'y parvienne?

— Cela n'est pas douteux, monsieur le vicomte; si c'est une femme que l'on puisse acheter, vous êtes assez riche pour payer ses faveurs; si elle est vertueuse, vous êtes assez aimable pour triompher de sa résistance.

— Crois-tu?... c'est que, peut-être, je ne suis plus tout à fait aussi bien de physique qu'autrefois; cet œil de moins, que j'ai perdu il y a six ans dans un duel, ces dents qui me sont tombées, ces cheveux que je n'ai plus...

— Tout cela n'est rien, mon cher maître, vous êtes encore un gentilhomme du plus flatteur aspect, quand vous êtes revêtu des objets d'art qui les remplacent.

— Tu ne me flattes pas?

— Non, c'est l'expression sincère et naïve de ma pensée.

— Eh bien! Lafleur, c'est toi que cela regarde; mets aujourd'hui à ma toilette plus de soin que tu n'en mis jamais.

— Plus, cela me serait impossible, mais j'en mettrai autant; que monsieur le vicomte soit tranquille.

— J'ai soif, Lafleur... Ah! voilà un verre d'eau, ça me suffira, et machinalement il saisit le verre posé sur la table de nuit.

— Arrêtez, monsieur, arrêtez, vous allez boire votre œil!

— C'est, ma foi! vrai. Ah! la distraction est charmante; cela ne m'est jamais arrivé; cette petite me tourne la cervelle.

— Tenez, monsieur, voici un verre d'eau sucrée.

— Merci, Lafleur; dis-moi, mon bain est-il prêt?

— Oui, monsieur le vicomte.

Le vicomte mit ses pieds dans de larges pantoufles, endossa une petite robe de chambre à ramages, recoiffa son béguin rose et passa dans un cabinet.

Il fut interrompu, pendant qu'il se baignait, par l'apparition, à la lucarne du susdit cabinet, d'une tête goguenarde qui s'écria, après avoir poussé un formidable éclat de rire :

— Tiens, un singe! oh! c'te tête !

C'était un badigeonneur, occupé à reblanchir à la chaux le mur extérieur dans lequel la lucarne était percée. A la vue du vicomte, un tel accès de gaieté le saisit, qu'il faillit dégringoler de sa sellette dans la cour ; heureusement, il put reprendre son équilibre, et la preuve c'est l'apostrophe qu'il lança au vicomte.

Ce dernier, effrayé, fit un bond.

Le badigeonneur, qui était encore à la lucarne, repartit de nouveau d'un grand éclat de rire ; le vicomte retomba en poussant un cri.

Lafleur arriva, releva son maître et l'emmena dans sa chambre.

Une fois qu'il fut remis de sa terreur et de son émotion, son valet se mit en devoir de le faire beau : l'œil de verre fut fourré dans sa niche et le ratelier dans son four, après quoi commença une peinturlurade des plus compliquées et des plus savantes, on doit le dire, à la gloire du vieux valet de chambre Lafleur.

Afin de les agrandir et de leur donner de l'éclat, il teignit le coin et le bord des yeux de son maître avec du bleu de Prusse ; avec ce que les comédiens appellent du crêpé, il lui fit des sourcils et des moustaches ; puis il passa aux lèvres, qu'il enduisit d'opiat ; le blanc de perles et le rouge eurent leur tour, et, enfin, lorsque la perruque, artistement posée, vint couronner l'œuvre, le vicomte de Croquenbouche avait figure humaine ; il était presque aussi joli qu'une des plus vilaines figures de cire de Curtius ; aussi se mira-t-il avec une complaisance extrême dans sa glace du bonheur-du-jour, et s'y envoya-t-il le sourire le plus charmant et le plus charmé qu'on puisse imaginer.

— Corse-moi maintenant, dit-il, et serre-moi bien fort ; je veux avoir une taille à tenir entre les dix doigts.

— Est-ce que monsieur le vicomte ne déjeunera pas ici ?

— Si fait, Lafleur, si fait. Pourquoi me demandes-tu cela ?

— C'est que si je vous serre autant que cela, ne craignez-vous pas ?...

— Que la nourriture ne passe pas ? Imbécile,

c'est sérieusement que tu me fais cette ques
tion-là ?

— Dame, monsieur le vicomte...

— Mon cher ami Lafleur, parce qu'on se rapproche les côtes, ça ne rétrécit pas les conduits
nutritifs. Ah ! vieux innocent, va.

Le vicomte pinça le bout de l'oreille de son
vieux valet de chambre et continua :

— Vite, vite, mon corset.

D'après ses ordres, Lafleur le serra si bel et
si bien, que non-seulement sa taille, mais encore
sa poitrine auraient tenu, comme il le désirait,
entre dix doigts ; il était content comme un dieu.

— Comme je suis mince, comme je suis
mince ! C'est joli une fine taille, n'est-ce pas, Lafleur ?

— Très-joli, monsieur le vicomte ; à cet en-
droit-là, vous êtes fait à ravir.

— N'est-ce pas ? Quel dommage que j'aie
perdu le gras de mes mollets et de mes cuisses ;
j'ai beau faire, j'ai beau me nourrir des choses
les plus substantielles, il n'y a que mon ventre
qui en profite ; il en profite même trop, vois
donc, Lafleur, c'est qu'on dirait que chaque jour
il devient plus gros que la veille ; ne trouves-tu
pas ?

— Mais non, mais non.

— Je te dis que si ; je me rappelle très-bien qu'il y a huit jours, en me tenant tout droit et en penchant seulement la tête, j'apercevais encore le bout de mes pieds ; maintenant, je ne les vois plus ; j'ai beau tendre le cou, je ne les vois plus : mon ventre m'en empêche, maudite bedaine, va !

Et, transporté d'une véritable colère contre son obésité ridicule, le vicomte se donna un coup de poing sur le ventre ; il se fit mal et ne recommença pas.

— Oh ! la moitié de ma fortune, continua-t-il avec l'accent d'un véritable désespoir, la moitié de ma fortune à qui pourrait me le faire fondre, à qui pourrait me le faire descendre dans les jambes ou rentrer dans les reins. Si je buvais du vinaigre ?

— Oh ! monsieur le vicomte, ça vous ferait maigrir.

— Tu as raison, répondit le vicomte, enchanté intérieurement de rencontrer quelqu'un qui eût l'air de le croire capable de maigrir encore, tandis qu'il savait bien lui-même la chose impossible.

Lafleur ayant donc opéré le *ficellement* com-

plet de son maître, passa au reste de l'ajustement; il lui mit ses bas, sa culotte et le reste.
Après quoi le vicomte eût véritablement fort bon
air, c'est du moins ce que ce dernier s'empressa
de proclamer, en grimaçant de nouveau un
sourire à la glace.

— Ah! diable, reprit-il tout à coup, tu as
oublié de me parfumer; ça ne fait rien, je m'en
charge. Va me préparer mon déjeuner et ap-
porte-le vite; je me sens fort en appétit; mes
rêves de cette nuit, en m'agitant l'esprit, m'ont
creusé l'estomac.

Le vieux valet de chambre sortit et ne revint
que dix minutes après. En attendant, monsieur
de Croquenbouche s'oignit les cheveux d'huile
antique, s'inonda d'eau de Cologne et se mit du
musc jusque dans ses souliers à boucles, ce qui
fait qu'il sentait si bon, oh! mais, si bon, que
trois mouches, qui volaient contre les vitres
sous les petits rideaux de la croisée, tombèrent
subitement asphyxiées.

Le déjeuner était servi; notre vieux gentilhomme se mit à table et fonctionna si bien et si
longtemps, que c'était à n'y rien comprendre
que son individu persistât à rester si maigre.
Ensuite, il sirota le café et des liqueurs; il but

de ces dernières plus qu'à son habitude, afin de se donner, dit-il, du montant, de l'esprit, de l'amabilité. Ensuite, il envoya Lafleur ordonner au cocher d'atteler la voiture. Quelques minutes après, il y monta en indiquant comme but de la course le n° 46 de la rue du Faubourg-du-Temple.

VIII

UN BON PETIT MÉNAGE.

Pierre et Véronique sont mariés depuis cinq mois ; tout autant, et ils ne s'en doutent pas ! Demandez à leur cœur quel jour était celui de leur hymen, et il vous répondra : « Avant-hier, hier, tout à l'heure ! » Ils s'aiment avec le même élan, la même ardeur, les mêmes transports que le premier jour : quand ils s'embrassent, et ils s'embrassent souvent, il leur semble toujours que ce soit le premier baiser que leurs lèvres échangent ; quand ils se serrent la main, et cinq minutes de suite ne s'écoulent jamais sans cela, la sensation délicieuse que leur fait éprouver cette étreinte est, en tout point, semblable à celle qu'ils ressentirent la première fois que leurs mains se tendirent l'une vers l'autre et se joignirent sur la tombe de leur mère.

Quand ils étaient tout seuls, ils n'occupaient

jamais qu'une seule chaise. Véronique venait
s'asseoir sur les genoux de Pierre, elle lui faisait de son joli bras un doux collier d'amour,
elle appuyait sa tête sur son épaule, et ils avaient
de ces conversations-ci :

— Véronique, ma chère petite femme, disait
Pierre de sa voix la plus caressante.

— Eh bien, quoi ? mon cher petit mari, ré-
pondait-elle.

— Veux-tu savoir si je t'aime ?

— Je le sais.

— Oui, mais, là, si je t'aime pour tout de
bon.

— Je voudrais bien voir que ce fût pour rire,
ajoutait Véronique en le menaçant gentiment
avec son index rose, que Pierre embrassait à
l'instant.

— Donne ta main, continuait-il.

Elle la lui donnait, et lui la plaçant sur son
cœur :

— Sens-tu comme il bat fort ? disait-il.

— Oui, bien fort.

— Eh bien ! c'est tout pour toi et pour toujours.

— Bien vrai ! s'écriait Véronique avec une
joie aussi réelle que si, jusqu'alors, elle eût
douté du fait.

— Parole d'honneur !

— Oh ! que je suis contente ! Moi aussi, va, je t'aimerai bien ; moi aussi, je t'aimerai toujours ; moi aussi le cœur me bat quand je suis près de toi.

— Pas si fort que le mien.

— Si.

— Non.

— Si, vois plutôt.

Et c'était le tour de Pierre à mettre sa main sur le cœur de Véronique.

Ils passaient des heures entières à se dire et à se faire ces ravissantes niaiseries d'amoureux, et quand la sonnette de la porte d'entrée, agitée par l'arrivée d'une pratique, les forçait à quitter leur arrière-boutique pour rentrer dans le magasin :

— C'est ennuyeux, murmuraient-ils ; on ne peut pas être deux secondes tranquille.

Mais il ne faut pas croire que la présence de leurs clients les empêchât de se manifester leur mutuelle tendresse ; s'il s'agissait de défaire quelque paquet ou d'ouvrir quelque boîte, ils l'ouvraient ou le défaisaient ensemble, et leurs mains se touchaient, et leurs doigts se serraient, et ils éprouvaient une satisfaction aussi vraie à jouer ce petit jeu, sans que le chaland s'en aperçût, que s'ils s'y fussent livrés sous le regard jaloux et soupçonneux d'un tuteur. Lorsque c'était de la toile, du calicot ou de l'indienne qu'il fallait auner, et que Véronique s'en chargeait, Pierre feignait de vouloir s'assurer de la justesse de la mesure, penchait sa tête sur la main de Véronique, et, furtivement, du bout des lèvres, y jetait un discret baiser. Le client s'en allait; alors Pierre s'écriait triomphalement :

— Il ne s'est aperçu de rien.

Ce n'était pas toujours vrai, le client parfois s'apercevait qu'un tremblement subit faisait dévier la main de la marchande et lui valait la bonne mesure; il ne disait rien, et s'en allait content.

Quelquefois cependant, les entretiens de Véronique et de Pierre prenaient un ton sérieux : c'était quand il leur arrivait de songer qu'un jour ou l'autre un enfant pouvait leur venir. Contre l'habitude entre époux tous deux désiraient la même chose, tous deux voulaient avoir un garçon; seulement, Véronique demandait qu'il ressemblât à Pierre et Pierre qu'il fût l'image de Véronique; sur ce point-là, ils ne parvenaient à se mettre d'accord que par l'espé-

rance qu'il tiendrait de tous les deux, physique-
ment et moralement.

— Dis donc, Pierre, qu'est-ce que nous en ferons de notre fils?... As-tu quelque idée arrêtée
là-dessus?

— Non.

— Ni moi non plus.

— Eh bien ! cherchons.

— C'est cela ; d'abord, je te préviens que je
veux le nourrir, je serais trop jalouse de sa
nourrice qu'il apprendrait à connaître, à aimer
avant nous.

— C'est aussi mon avis.

— Dis donc, est-ce que nous le mettrons au
collége?

— Certainement, pour qu'il soit savant.

— Je préférerais qu'il eût des maîtres particuliers.

— Cela coûte plus cher.

— Qu'est-ce que ça fait, nous ferons des sacri-
fices, nous nous imposerons des privations ; est-
ce que tu les regretterais, si c'était nécessaire
pour que ton fils restât toujours auprès de toi?

— Non, certes, c'est mal à toi, Véronique,
d'en douter.

— Pardon, j'ai tort.

C'était un prétexte à baiser que Pierre venait

de fournir, et duquel Véronique s'empressait de profiter.

— Et quand son éducation sera faite, quelle carrière lui ferons-nous embrasser? avocat ou médecin?

— Oui. Ce sont de belles professions, mais il faut faire son droit, et l'on dit que les étudiants sont tous des mauvais sujets.

—Si nous tâchions de le faire entrer à l'École-Polytechnique?

—Pour qu'il soit un jour militaire. Oh! non, par exemple, militaire! pour qu'on nous le tue ou qu'on nous l'estropie. Je ne consentirai jamais à ce que mon fils soit militaire.

— Le commerce... c'est ennuyeux.

—Oh! oui, quand on est marié, on n'a pas seulement le temps de se dire que l'on s'aime. Ah! dis donc, artiste, hein? peintre ou musicien?

— Oh! dans les beaux-arts, on arrive si difficilement, on passe presque toujours par les épreuves de la misère.

— Laisse donc, j'espère bien que d'ici là nous aurons mené notre barque assez habilement, assez laborieusement pour qu'il n'attende pas absolument après le produit de son travail pour vivre.

— Oui, mais l'on ne devient pas artiste comme on devient commerçant ou médecin; outre la science, il faut des dispositions naturelles, un esprit supérieur.

— Mais mon fils en aura des dispositions naturelles; mais mon fils sera un esprit supérieur, j'y compte bien.

— Et moi aussi.

— Alors, c'est convenu, nous en ferons un artiste. S'il est peintre, je veux que son premier tableau soit notre portrait à tous trois, sur la même toile, lui entre nous deux. Hein! quelle joie quand il exposera! comme nous serons fiers des éloges de la foule se pressant devant son œuvre! Nous ne dirons pas tout haut que c'est notre enfant, mais on le devinera à notre enchantement... Mon Dieu! j'y pense.

— Quoi donc?

— Si, à force de talent, il allait mériter qu'on l'envoyât à Rome, trois ans sans le voir! Comment ferions-nous?

— Nous partirions avec lui, donc.

— Tu as raison, oh! la bonne pensée... Oui, nous partirons avec lui!

Ils causaient, les pauvres enfants, d'une chose; ils aimaient à se bercer de l'espoir d'un bonheur qui devait leur être refusé: qui, déception plus dure encore, devait leur être enlevé peu après que sa réalisation leur semblerait possible, inévitable! Mais n'anticipons pas sur les événements.

Nous avons dit, ou du moins fait comprendre, qu'aucun nuage n'était venu, pendant ces cinq mois écoulés, troubler l'azur de leur beau ciel; nous étions par trop exclusif, un nuage se forma; mais, que l'on se rassure, quand il creva il eut pour résultat non pas une averse de larmes, mais une pluie de nouveaux baisers, de nouvelles tendresses et de nouveaux serments. Voici le fait :

Parmi les choses conservées du mobilier de jeune fille de Véronique, il y avait un petit cadre d'ébène contenant le dessin en cheveux d'un bouquet composé d'une pensée, d'une rose et d'un myosotis, puis ces mots et cette date écrite au-dessous du bouquet:

« A ma fille Véronique pour le jour de sa fête 15 août 1806. »

Pierre, qui jusqu'alors avait cru que la fête de sa femme était celle de sainte Véronique, fut désabusé par la vue de ce présent, offert à celle-ci par sa mère le jour de la sainte Marie. Il consulta l'extrait de baptême de sa compagne et y vit qu'en effet son second prénom était

Marie ; il était temps qu'il s'en aperçût, car on était au 10 août, et cinq jours lui restaient seulement pour songer au cadeau qu'il pourrait offrir avec le plus de chance d'être agréable ; son choix fut bientôt fait.

De son côté, Véronique savait que l'anniversaire de la naissance de son mari tombait ce même 15 août, fête de l'Assomption, et, après avoir longtemps hésité, elle avait fini par deviner de quelle façon, en cette occasion, elle parviendrait à lui faire plaisir. Le hasard fit que ce fut le même jour, 10 août, que leurs choix, à tous deux, furent arrêté, et qu'ils cherchèrent, par une diplomatie adroite, à ne pas éveiller sur leurs projets les soupçons l'un de l'autre. Il se trouva que chacun d'eux eut besoin d'un complice, et que, sur ces entrefaites, Didier vint leur rendre visite ; il jouissait de l'amitié et de la confiance des deux jeunes gens, et chacun d'eux se promit de le prendre pour confident ; ce qui eut lieu en effet.

— Comme vous avez chaud, monsieur Didier, dit Véronique, qui trouva sur-le-champ le moyen de rester quelques instants seule avec lui ; un doigt de vin vous serait agréable, n'est-ce pas ?

— J'en conviens, gentille dame, répondit Didier.

— Mon ami, donne donc un peu de vin à monsieur Didier.

— Tout de suite. Tiens, il n'y en a plus.

— Oh! c'est dommage, dit la petite hypocrite, qui le savait bien ; il faut en aller chercher à la cave : veux-tu que j'y aille?

— Non, non, par exemple! reste, j'y descends.

— Ne prends pas cette peine, Pierre. Bah! je m'en passerai.

— Non, non, insista Véronique ; va vite, Pierre, va vite, puis elle lança à Didier un regard qui lui enjoignait de laisser faire.

Quoique étonné, Didier comprit et obéit; quant à Pierre, qui ne voyait là rien que de fort naturel, il sortit et les laissa seuls. Il fut vite de retour ; mais Véronique avait eu le temps de faire sa confidence à Didier, lequel lui avait promis son aide et son concours.

Pierre, qui avait aussi à lui parler en secret, fut moins adroit que Véronique; il profita de l'arrivée d'une pratique, et pendant que sa femme servait, il appela Didier dans l'arrière-boutique, soi-disant pour lui faire voir une acquisition nouvelle, mais en réalité pour le consulter et lui faire part de ce qu'il voulait faire.

— Tiens! c'est drôle, ne put s'empêcher de

s'écrier Didier, lorsque Pierre l'eut mis au courant.

— Qu'est-ce qui est drôle? demanda Véronique, qui avait terminé et venait les rejoindre.

— Rien. C'est Pierre qui me disait...

— Quoi?

— Une plaisanterie.

— Laquelle?

— Eh! non, c'est la disposition de cette étoffe que je trouve drôle...

— La disposition de cette étoffe!... Mais elle est toute simple et pas comique du tout; un fond gris à bouquets lilas, ça n'a rien de bien drôle.

— Soit, ma petite femme, mais c'est pourtant de ça que nous causions.

Véronique eut l'air de le croire, mais elle garda en elle-même un doute qui rembrunit quelques instants son front, si calme et si pur d'ordinaire. Didier partit, et après les deux *au revoir* qui lui furent adressés tout haut, deux *à demain* lui furent lancés tout bas. Pierre entendit celui de Véronique et lui en demanda la cause.

— C'est tout simple, mon ami; je lui dis à demain, parce qu'il nous a promis que demain il reviendrait nous voir.

— Mais pourquoi est-ce tout bas que tu as prononcé ces deux mots?

— Tout bas!... tiens, c'est vrai!... Toutefois, c'est sans intention... une extinction de voix qui m'a prise.

Pierre eut aussi l'air de croire Véronique; mais entre eux deux il y eut, un quart-d'heure durant, ce qui n'était jamais arrivé, une trève aux doux regards, aux tendres caresses, aux aimables paroles, non pas qu'ils s'en voulussent l'un à l'autre; non, mais chacun d'eux avait la conscience qu'il venait de mentir à l'autre, et il s'en voulait à lui-même. Pourtant, comme le motif était on ne peut plus louable, ils ne se gardèrent pas une longue rancune et se donnèrent mutuellement l'absolution par un baiser.

Mais là ne devaient pas s'arrêter les cachoteries dans la voie desquelles ils entraient; ce n'était que le prologue. Le lendemain et les jours suivants devait avoir lieu l'exécution du drame.

Tous les matins, de neuf à dix heures, Véronique se rendait au marché pour faire les provisions nécessaires au dîner du jour et au déjeuner du lendemain; elle n'était d'ordinaire absente que pendant une demi-heure au plus;

le lendemain, elle le fut une heure un quart. Pierre avait été bien inquiet ; elle le rassura en lui disant que pour obtenir des vivres à meilleur marché, au lieu d'aller chez les fournisseurs habituels, elle s'était rendue jusqu'au marché Saint-Martin, et elle avait, disait-elle, tellement eu à se louer de son idée, elle y trouvait une telle économie, qu'elle y retournerait désormais, si toutefois cela ne contrariait pas son mari.

— Pas du tout, chère Véronique ; du moment que je saurai où tu vas, je n'aurai plus lieu de m'inquiéter.

A midi et demi, Pierre, qui sortait tous les jours, soit pour porter des règlements, soit pour recouvrer des créances, mais qui revenait toujours avant deux heures, ne revint, ce jour-là, qu'à deux heures et demie. Sa justification à lui fut plus facile que ne l'avait été celle de Véronique ; il n'avait pas tout de suite rencontré les gens à qui il avait affaire, il lui avait fallu les attendre et y retourner. Le premier jour, cela passa de part et d'autre sans doute ni soupçon ; le second, on se regarda en dessous et avec un petit air contraint ; le troisième, une bouderie en règle s'organisa, on ne s'embrassa presque pas, on échangea à peine quelques paroles, vingt fois on fut sur le point d'éclater et de se demander une franche explication, mais on se contint, car pour le lendemain on avait son projet.

Le quatrième jour qui suivit la visite de Didier, c'est-à-dire le quatorze août, Véronique se coiffa avec plus de soin que la veille ; elle mit le collier et le bracelet qu'elle portait le jour de son mariage, et fit en sorte que ces deux objets fussent cachés par son châle ; mais Pierre l'embrassa sur le cou et remarqua les perles du collier, et par suite le soin que Véronique avait apporté à sa coiffure, laquelle était semblable aussi à celle du jour de son hymen ; ce dont il fit également l'observation à part lui. Néanmoins, il dissimula encore, et laissa partir Véronique. Mais à peine fut-elle dehors, qu'il ferma en dedans au verrou la porte de la boutique, et par celle qui donnait sur la cour, il s'élança sur les traces de sa femme. Elle ne devait pas être loin, et pourtant il ne la vit plus. Il courut de toutes ses forces et allait dépasser la rue Folie-Méricourt, lorsqu'il heurta un garçon charcutier, dont les côtelettes aux cornichons, qu'il portait dans une casserole, profitèrent de ce choc pour sauter dans le ruisseau. Le charcutier cria et voulut empêcher Pierre de continuer sa course ; celui-ci tira de son gousset une pièce de cent sous, qui apaisa les cris du culbuté, et il allait se remettre en route, lorsque, jetant un coup d'œil à sa gauche, il aperçut dans le lointain de cette morne rue Folie-Méricourt, sa femme qui marchait au bras d'un homme. Il se remit à courir et n'était déjà plus qu'à une cinquantaine de pas d'eux, lorsque ceux-ci montèrent dans un fiacre qui passait, et qui s'éloigna au galop dans la direction de la rue du Pas-de-la-Mule. Le pauvre Pierre, tout en nage, n'atteignit le véhicule que lorsque ceux qu'il contenait en furent descendus, et eurent disparu sous les arcades de la place des Vosges :

— Où vont les deux personnes qui viennent de descendre de ton fiacre? demanda Pierre d'une voix haletante d'essoufflement et de jalousie, au cocher qui tranquillement était descendu de son siége et venait de bourrer et d'allumer sa pipe.

— Est-ce que je sais, moi ! Ils m'ont pris à l'heure et m'ont dit de les attendre ici.

— Tu n'a pas vu dans quelle maison de la place des Vosges ils sont entrés.

— Est-ce que ça me regarde ! et puis, dites donc, pourquoi donc que vous me tutoyez, vous ?

— Oh ! c'est infâme !

— Bon, je saisis !... C'est un amant et une

maîtresse qui vous trompent, pas vrai? Tout ce
que je peux vous dire, c'est qu'ils n'ont pas
baissé les stores.

— Tais-toi! tais-toi!

— Il y tient... Nous n'avons cependant gardé
aucune espèce de porcs ensemble.

— Oh! je les découvrirai! je les surprendrai!

Et Pierre, sur ces dernières paroles, s'enga-
gea à son tour sous les arcades de la place des
Vosges, se proposant de questionner les portiers
de toutes les maisons. Il le fit en effet.

Le premier auquel il s'adressa était un tailleur en vieux, et, tout en restaurant une paire
de chausses, il chantait à tue-tête ce refrain,
sans doute de sa composition :

> Mille noms de nom,
> Ma culotte n'a plus de fond.

Pierre lui coupa la parole en lui disant :

— N'est-ce pas ici que viennent d'entrer
tout à l'heure un monsieur et une dame?

— Tout à l'heure?

— Oui, il y a cinq minutes.

— Oui. c'est ici.

— Les connaissez-vous ?

— Je crois bien! c'est les locataires du second et du troisième ; m'ame Chamouille, sage-

femme, et monsieur Vertuchoux, joueur de *trom-
bole;* en v'là deux qui font un bastringue ;
celle-là avec ses femmes en couches, et celui-ci
avec son cuivre ; quand ils s'y mettent tous les
deux, c'est des tron tron tron et des oh! là! là!
à réveiller tous les chiens du quartier ; aussi,
comme j'vas insinuer au *proprilliétaire* de leur
z'y flanquer leur congé.

Pierre n'avait pas attendu la fin de la phrase
du concierge-tailleur pour courir, pénétrer dans
la loge du portier voisin. Ce portier était une
portière qui débarbouillait un marmot, lequel
criait comme un aveugle et formait un duo
atroce avec un petit chien, qui aboyait de toutes
ses forces. A grand'peine, le silence se fit, et
Pierre put renouveler sa question. La portière,
depuis une demi-heure, n'avait vu passer personne. Même réponse lui fut faite, à peu de
minutes près, dans toutes les maisons suivan-
tes. Il se désespérait ; il était aux cents coups.
La dernière où il s'arrêta, il la reconnut ; c'était
celle où chaque jour il venait passer le surplus
du temps qu'il employait à ses recouvrements
et à ses livraisons de marchandises.

— Oh! dit-il, elle ne mérite plus le don que
je voulais lui faire. Allons l'anéantir!...

Et cette fois, sans parler au portier, il s'élança

par les montées et gravit trois étages. Sur la
porte, devant laquelle il s'arrêta, il y avait une
plaque en cuivre sur laquelle on lisait : *Stanislas Carbonnet, artiste peintre*. Il sonna : un petit
rapin vint lui ouvrir, qui, en l'apercevant, se
mit à crier tout haut :

— Comment ! c'est vous, monsieur, à cette
heure-ci ! M. Stanislas ! M. Stanislas ! voilà
M. Pierre, le mercier de la rue du Faubourg-du-
Temple.

Un mouvement se fit dans l'atelier ; on entendit des chuchotements ; puis le silence se réta-
blit, et la porte, devant laquelle le rapin s'était
mis pour faire obstacle à Pierre et l'empêcher
d'entrer trop vite, s'ouvrit enfin. M. Stanislas
Carbonnet lui-même vint au devant de lui. Il
n'était pas seul dans son atelier, l'autre personne était Didier.

— Toi, ici ! lui dit Pierre.

— Oui, je venais voir si ton portrait était
avancé; c'est ce soir qu'il faut le porter chez l'en-
cadreur, si tu veux l'avoir pour demain matin.

— Mon portrait, je ne veux plus qu'on le
finisse, je ne veux plus qu'on le fasse encadrer.

— Est-ce que vous n'en êtes pas content ?

— Si fait ; mais j'ai changé d'idée, je ne le
donnerai pas à ma femme.

— Tu veux rire!... Mais, qu'as-tu donc? les yeux te sortent de la tête ; est-ce qu'il t'est survenu quelque malheur, quelque chagrin subit ?

— Non, non ! mais je vous le répète, je ne veux pas que mon portrait se termine; et, pour plus de sûreté... le voici, je l'emporte...

Et Pierre se dirigea vers une toile posée sur un chevalet et qui était recouverte d'un linge. Comme son portrait était de cette dimension, et qu'habituellement c'était sur ce chevalet que Stanislas travaillait, il lui semblait le reconnaître.

— Arrêtez ! arrêtez ! ce n'est pas le vôtre, celui-là.

— Comment ?

— Non, le voilà là-bas.

En se retournant, Pierre aperçut en effet son image, souriant par avance à celle à qui il était destiné. Il s'en saisit, le mit sous son bras, et, sombre, sans dire un mot, fit mine de reprendre le chemin de la porte.

— C'est donc sérieux ? demanda Didier.

— Il me semble que je n'ai pas l'air de rire.

— C'est vrai, dit Stanislas intervenant après avoir été, sans que Pierre le remarquât, entr'ouvrir la porte d'un cabinet donnant dans cette chambre, et y avoir semblé recevoir les ordres de quelqu'un. Mais tenez, je vais vous faire une propostion : laissez-moi votre portrait, puisque vous ne voulez plus en faire le même usage ; il y a une personne qui en fera volontiers l'acquisition, et qui s'en servira pour en faire pendant au sien.

— Et le sien est?...

— Celui que vous avez remarqué tout à l'heure.

— Est-ce que, par hasard?... Oh ! oui... cela doit être. J'étais un fou, un indigne de la soupçonner ; elle était incapable...

Et Pierre, en disant ces paroles, courut au chevalet et découvrit le portrait. C'était celui de Véronique.

—J'avais deviné ! j'avais deviné ! continua-t-il avec l'accent d'une joie ineffable. Oh ! chère petite femme, pardon ! et il s'agenouilla devant l'image de Véronique.

En ce moment, la porte du cabinet s'ouvrit et livra passage à celle-ci, qui vint à Pierre, le releva, et l'embrassant sur les deux joues :

— Tu m'as soupçonnée, lui dit-elle, mais tu n'a pas à m'en demander pardon, car je te soupçonnais aussi : folle que j'étais de ne pas réfléchir que, puisque je m'occupais de l'anniversaire de ta naissance, tu pouvais bien, de ton côté, t'occuper du jour de ma fête. Je t'ai causé bien du chagrin, n'est-ce pas? Oh! je m'en voudrai toujours, garde-moi rancune, et ce sera bien fait.

— Te garder rancune, moi! mais bien au contraire, c'est toi qui dois te montrer sévère à mon égard, je suis impardonnable.

— Vous l'êtes tous les deux, c'est mon avis; n'est-ce pas le vôtre également, M. Stanislas Carbonnet? demanda Didier.

— Certainement, et c'est pour cela qu'ils vont se pardonner tout de suite, et que pour leur punition je vais les terminer tous deux. Le portrait de monsieur Pierre n'a plus d'imparfait que quelques détails, qui peuvent être complétés par mon rapin, il va le faire, tandis que moi j'achèverai celui de madame. Allons, grands criminels sur la sellette, et vite.

Ils ne firent aucune résistance; ils ne protestèrent pas contre l'arrêt rendu contre eux, et en une demi-heure Stanislas et le rapin déclarèrent leurs ressemblances définitivement achevées; alors Pierre saisissant sa toile, et Véronique prenant en main la sienne, ils s'avancèrent gravement l'un vers l'autre et, en les échangeant, se dirent :

Pierre : — Je te souhaite une bonne fête, ma chère petite femme, et je ne me suis pas trompé, n'est-il pas vrai, en croyant que mon image serait le présent le plus agréable que je puisse te faire en ce jour?

Véronique : — Non, tu ne t'es pas trompé, Pierre; la preuve, c'est que j'ai eu la même pensée que toi pour ton jour de naissance! Oh! que Dieu ne permette pas qu'il soit dans l'avenir une époque où l'un de nous n'ait plus à offrir ses vœux d'anniversaire qu'au portrait de l'autre!...

— Oh! la la! oh! la la! interrompit Didier, n'entrons pas, s'il vous plaît, dans cet ordre d'idées; vous reste-t-il encore par hasard un peu de mélancolie de la situation de tout à l'heure? Chassez-la vite, et faites-vous une risette mutuelle bien fraîche, bien gaie, ou je ne vous donne pas ma bénédiction.

L'accent grotesque avec lequel Didier prononça ces paroles eut le pouvoir de ramener tout à fait le sourire sur les lèvres des deux époux; aussi, pendant qu'ils s'embrassaient, leur donna-t-il sa bénédiction, puis il ajouta :

— Pour cimenter cette réconciliation, je m'invite à dîner chez vous; je payerai un melon et un gâteau de Savoie; ce seront mes deux bouquets : le melon à l'intention de Pierre, cela dit, bien entendu, sans aucune espèce d'allusion, et le gàteau de Savoie pour madame Marie-Véronique. Adieu, Stanilas, et en route.

Rentrés chez eux, nos deux héros se promirent bien d'éviter désormais tout ce qui pourrait donner lieu au renouvellement d'un semblable épisode, et ils se tinrent parole. Depuis ce temps, quand ils voulurent se ménager quelque surprise, ils eurent soin de se prévenir d'avance; cela ne les surprenait pas autant, mais au moins cela ne courait pas risque de troubler la paix de leur ménage.

IX

LA PERRUQUE DU SÉDUCTEUR.

C'était comme un fait exprès, la veille de ce jour (nous reprenons bien entendu la suite des événements de l'avant-dernier chapitre), Pierre avait reçu une lettre d'un de ses correspondants de Versailles, qui l'obligeait de partir pour cette ville dès le lendemain matin, et de manière à ce qu'il y fût arrivé vers onze heures. Il avait donc quitté de bonne heure sa femme et sa boutique, et Véronique était toute seule dans le comptoir, lorsque la voiture du vicomte s'arrêta devant le magasin. Il y entra d'un air délibéré, le chapeau sur le coin de l'oreille, la badine à la main, et chevrotant entre ses dents le refrain de : *Vive Henri IV*. Véronique le reconnut pour une pratique de la veille ; elle prit pour le recevoir son expression la plus charmante et sa voix la plus douce.

— Bonjour, mademoiselle.

Elle ne crut pas devoir réclamer contre cette fausse qualification, cela lui arrivait fort souvent d'être prise pour une demoiselle, et elle aurait eu trop à faire que de désabuser tous ceux qui à la première vue commettaient cette erreur.

—Bonjour, monsieur, répondit-elle ; hier, j'ai déjà eu, je crois, l'honneur de vous vendre des gants ; c'est bien aimable à vous de venir me revoir aujourd'hui.

— C'est en effet pour vous revoir, spécialement, seulement pour cela que je reviens sitôt ; j'en avais besoin, répliqua le vicomte avec une intention marquée, et en accentuant ses paroles d'une façon toute particulière, dont pourtant Véronique ne comprit pas le sens.

—Est-ce que vos gants, monsieur, ne vous conviendraient plus, et désireriez-vous les changer ou les rendre, quoique ce ne soit pas l'usage de notre maison ? J'y consentirais volontiers, afin de m'assurer votre clientèle dans un autre occasion.

— Trop aimable, cent fois ; mais ce n'est pas là ce qui m'amène ; quoi que j'achète, je le garde toujours...

— Vous venez donc alors pour une nouvelle acquisition, de la flanelle peut-être ?

Véronique n'avait mis aucune malice dans cette supposition, néanmoins le vicomte crut de son honneur de la relever.

— De la flanelle ! je n'en porte pas, croyez-le bien, je n'en ai jamais porté ; la flanelle c'est bon pour ceux dont la santé n'est pas de fer comme la mienne. Dieu merci, je n'en ai pas besoin ; je ne suis ni rachitique ni catarrheux. Quoique d'un âge raisonnable, je jouis de mes facultés dans toute leur plénitude ; j'ai les passions vives, c'est vrai, très-vives, trop vives même !

Il pensa que c'était le moment d'entrer en matière par une pantomime animée et de faire les yeux en coulisses, c'est-à-dire des yeux, il n'en fit qu'un ; l'autre, celui de verre, demeura fixe et immobile, ce qui donna à sa physionomie une expression si cocasse, que Véronique fut prise d'une formidable envie de rire, que l'intérêt de son commerce lui donna cependant la force de maîtriser.

— C'est de la toile pour chemises qu'il vous faut peut-être, monsieur ? ajouta-t-elle vivement ; nous en avons de superbe, de la toile de Hollande incontestable ; elle nous est arrivée hier, et elle est là dans l'arrière-boutique, les ballots ne sont pas même encore tous défaits.

— Ah ! dans l'arrière-boutique, dit vivement le vicomte, dont l'œil lança un éclair, allumé par l'espoir de se trouver avec Véronique encore plus seul qu'il ne l'était, quoique personne ne fût survenu ; mais les passants qui venaient et allaient dans la rue, et dont certains s'arrêtaient par instants à considérer l'étalage, le gênaient fort, sinon dans ses paroles qu'ils ne pouvaient entendre, du moins dans les gestes expressifs qu'il aurait désiré y joindre ; — c'est cela, passons-y dans l'arrière-boutique, c'est justement pour de la toile que je suis venu, et de la hollande incontestable ferait parfaitement mon affaire.

— Veuillez me suivre alors, monsieur ; je vais vous la montrer sur-le-champ ; est-ce une pièce que vous prendriez ?

— Une pièce, deux pièces, trois pièces, ça m'est égal, tout ce que vous voudrez, ravissante négociante, s'écria-t-il en suivant tout guilleret les pas de Véronique, et en fermant derrière lui la porte de la pièce où elle l'avait conduit.

— Que faites-vous, monsieur, vous fermez la porte ?

— Oui, pour que nous y voyions plus clair.

— Mais, au contraire, monsieur, quand cette porte est close, il ne règne plus ici qu'un demi-jour fort incommode.

— Point du tout ; en cette occasion il est on

ne peut plus propice; ce que j'ai à vous dire demande du mystère, et au mystère l'obscurité convient.

— Du mystère pour me demander combien cette toile coûte l'aune?

— Il est, ma foi! bien question de toile; il est, ma foi, bien question d'aune!

En prononçant ces dernières paroles, et pour les rendre plus significatives, monsieur le vicomte effleura de ses deux mains la taille de Véronique; celle-ci fit un soubresaut comme si elle eût été mordue par un serpent. Elle regarda en face le vicomte; alors elle courut à la porte, que le vieux drôle avait fermée, la rouvrit brusquement, et lumière se fit; puis, d'un regard écrasant de mépris et avec un geste de reine offensée, elle lui indiqua le chemin de la rue.

— Diable! c'est une vertu, se dit-il à part lui; j'ai été un peu vite; reprenons la chose en sous-œuvre. Qu'avez-vous? que vous prend-il?... est-ce que vous souffrez, mon enfant, est-ce qu'involontairement je vous aurais heurtée et fait du mal?

Pour dire ces mots, il avait repris sa voix pateline, son œil calme et son air décent; une fois encore Véronique le regarda en face; il supporta très-bien l'épreuve, si bien qu'elle crut s'être trompée, avoir seulement été heurtée par lui, et par conséquent s'être formalisée mal à propos. Ce fut à son tour de balbutier :

— Pardon, monsieur, je ne sais... j'avais cru... Oh! je m'abusais bien... d'ailleurs, c'était impossible, un vieillard se respecte trop pour...

—Un vieillard! de qui parlez-vous? est-ce de moi? interrompit le vicomte, qui crut que c'était le moment de se dépeindre à celle qu'il continuait à avoir le projet de séduire ; mais je ne suis point un vieillard, mais je ne compte que quarante et quelques années ; de plus, je suis riche, noble, spirituel, et capable de rendre heureuse de toute façon une femme qui voudrait m'écouter...

Cette fois, comme il n'y avait aucune espèce d'égrillardise dans son regard ni dans son geste, et qu'il avait mis dans sa voix tout ce qui lui restait du vieux miel de sa galanterie surannée, Véronique ne put s'empêcher de sourire d'un air moqueur, et, rentrant dans la boutique, elle dit au vicomte qui l'y suivit :

— Je vois, monsieur, que cette toile ne vous convient pas, ou plutôt que ce n'est pas pour cela que vous êtes venu.

—Non, certes, ce n'est pas pour cela, et s'il

faut vous dire pourquoi, charmante mercière, lingère et cætera...

— Monsieur, plus un mot, je vous prie ; je suis ici chez moi, et j'ai le droit de vous dire de sortir...

— Oui, mais j'ai le droit de rester, moi, en achetant...

— Monsieur, vous abusez de ce que je suis seule ajourd'hui ; mais je puis appeler, je n'ai qu'un geste à faire...

— Oh ! la petite farouche ; allons, voyons, soyons plus aimable, causons au moins, faites vos conditions...

— Encore une fois, sortez, monsieur, sortez...

Il ne serait pas sorti, si en ce moment-là n'était arrivé du dehors quelqu'un dans la boutique.

— Bonjour, madame, la compagnie, dit ce quelqu'un en ôtant le bonnet de papier dont il était coiffé. J'ai profité, madame, de l'heure de mon déjeuner pour venir du boulevard Saint-Martin, où je travaille, jusqu'ici, afin de savoir si vous pourriez me régler la petite note de peinture et de badigeonnage que...

Le hasard lui fit en ce moment lever les yeux sur le vicomte, qui venait de s'asseoir, et qui paraissait décidé à attendre le départ de l'importun pour reprendre avec Véronique la conversation commencée.

— Tiens, c'est vous… ah ! ah ! ah ! fit le nouveau venu en lui éclatant de rire au nez ; vous êtes bien changé depuis ce matin, mais c'est égal, je vous reconnais.

— Je ne vous reconnais pas, moi.

— Bah ! laissez donc, c'est moi qui étais à la lucarne quand ce matin vous étiez en train de prendre un bain…

Le vicomte n'attendit pas qu'il achevât sa phrase ; en un bond, il gagna la porte, monta dans sa voiture, et sur son ordre elle partit au galop, mais du côté opposé à celui par lequel elle était venue. Est-ce donc que M. de Croquenbouche voulait demeurer dans les environs et projetait de revenir encore dans la journée obséder de nouveau la gentille lingère ? Nous verrons bien. Il était déjà loin, que le badigeonneur riait encore ; Véronique lui demanda la cause de cette hilarité subite et prolongée, et il commençait à lui raconter la scène du matin, quand Didier entra. Ce dernier assista à la narration et s'en égaya fort aussi ; puis le badigeonneur ayant réglé son compte avec Véronique, s'en alla et la laissa seule avec l'ami de Pierre.

— La reconnaissance de ce vicomte postiche

avec votre peintre en bâtiments est fort amusante, j'en conviens, fit Didier ; mais elle est regrettable à un point de vue.

— Lequel ? répliqua Véronique.

— Dame, si c'était une pratique, il est probable que la voilà perdue ; après cette algarade, il ne reviendra certes plus...

— Je ne m'en plaindrai pas.

— Comment cela ?

— Monsieur Didier, pour que je vous donne l'explication de mes paroles, il faut que vous me promettiez de n'en rien dire à Pierre ; quoique d'un caractère doux et bon, il est vif, et je craindrais qu'une querelle...

— Une querelle entre lui et ce vieux Céladon, qu'est-ce qui pourrait la motiver ? Voyons, parlez ; je vous jure sur tout ce que j'ai de plus cher au monde, sur moi-même, par conséquent, je vous jure de rester, au vis-à-vis de Pierre, muet comme les plus vieilles carpes du grand bassin de Fontainebleau : allez, narrez, je m'assieds et j'écoute ; mes tuyaux auditifs vous sont ouverts à deux battants.

Véronique lui fit le récit complet et détaillé des tentatives séductrices du vicomte de Croquenbouche.

— Ah ! quel malheur ! s'écria Didier, que je

ne sois pas arrivé à ce moment-là! comme je vous lui aurais offert une râclée à ce vieillard libidineux! Je l'aurais cassé; son domestique eût été obligé de venir ramasser les morceaux de son maître pour les reporter dans sa voiture. Mais c'est que je prévois qu'il est capable de revenir.

— Vous croyez?

— Dame, vous ne lui avez pas dit que vous étiez mariée; bien sûr, il rôdera encore dans ces parages, j'en ai le pressentiment.

— Oh! mais une autre fois Pierre ne sera point absent, et devant lui il n'osera certes pas.

— Et s'il se représente aujourd'hui?

— Vous me faites peur.

— Il n'y a pas tout à fait de quoi cependant.

— Ah! fit Véronique effrayée.

— Quoi? demanda Didier.

— Sa voiture vient de repasser devant la porte.

— Vrai! et, regardant dans la rue : C'est ce fiacre armorié qui s'éloigne là-bas?

— Oui.

— Ah! bien, il regagne son domicile sans doute. Ah! mais, non; le voilà qui rebrousse chemin encore une fois et qui se rapproche d'ici.

C'est trop fort; ce vieux-là mérite une leçon qui le dégoûte pour jamais de retraîner ses guêtres dans ce quartier; je me charge de la lui donner.

— Monsieur Didier, que voulez-vous faire?

— Rien que de fort gai, je vous en réponds. Montez dans votre appartement, je me charge, jusqu'au retour de Pierre, de tenir votre place; je suis de la partie, et je saurai très-bien recevoir et servir les pratiques sérieuses qui se présenteront. Quant au vieux, qu'il s'avise de rentrer ici, je lui donne ma parole que... Montez vite, montez vite, voici encore la fameuse voiture, et elle s'arrête... Ah! c'est trop de toupet.

En effet, le carosse du vicomte stationnait de nouveau en face de la boutique, mais cette fois de l'autre côté de la rue; ce que voyant, Véronique n'attendit pas une nouvelle invitation de Didier pour quitter le comptoir et monter au premier. A peine avait-elle disparu, que M. de Croquenbouche remettait pied à terre et s'acheminait résolument vers le magasin. Quoiqu'il pensât que le badigeonneur avait dépeint à Véronique son négligé de la matinée, il ne voyait pas là une raison de renoncer à ses desseins; il demeurait persuadé que s'il avait pu développer à la jolie mercière toutes les générosités dont il se proposait de la combler, en échange d'un peu de bonne volonté, celle-ci n'y eût pas résisté.

— Ne lui laissons donc pas le temps de respirer, s'était-il dit. Dès que j'aurai vu s'éloigner ce malencontreux badigeonneur, elle sera de nouveau seule; alors je reviendrai, et il faudra bien qu'elle m'écoute.

Comme le badigeonneur, se dirigeant vers le boulevard, venait de repasser devant son véhicule, il tenait ce qu'il s'était promis en pénétrant de nouveau dans le magasin de Véronique; seulement elle n'y était plus, et c'est vis-à-vis de Didier qu'il se trouva être tout à coup.

— Diable ! pensa-t-il, un homme, quel est-il? époux, amant ou simplement commis ?

— Que désire monsieur? lui demanda Didier d'un air aimable.

— Je voudrais, je désirerais... balbutia le vicomte. Est-ce que la dame qui était là tout à l'heure...

— Ma maîtresse est absente.

— Votre maîtresse... Ah ! votre maîtresse... c'est-à-dire votre patronne; vous êtes son commis...

— Oui, monsieur, oui ; et vous... excusez ma question, mais ne seriez-vous pas par hasard la personne pour qui elle m'a donné une commission.

— C'est possible! c'est probable! c'est sûr! Une commission, dites-vous, elle vous a donné une commission pour moi?

— Oui; elle m'a recommandé de vous dire qu'elle regrettait beaucoup que l'arrivée d'un importun vous ait empêché de conclure ensemble le petit marché que vous lui proposiez, mais que si par écrit vous consentiez à lui poser vos conditions, elle les examinerait et vous ferait donner un rendez-vous ou elle irait vous rendre réponse elle-même.

— Je comprends! je comprends! exclama le vicomte, au comble de la joie. Vite, du papier, de l'encre.

Didier lui en donna, et il se mit à tracer un billet qui se bornait à ces seuls mots :

« Voyez-moi deux fois par semaine, et je donne mille francs par mois. » Et il signa : « vicomte Arthur de Croquenbouche. »

Il plia, cacheta, et remit la chose à Didier, en lui disant :

— Puisque vous êtes son confident, à ce cher petit rat, chargez-vous de ce billet et acceptez ce napoléon.

— Je prends le billet, mais pas le napoléon,

répondit noblement Didier; je ne veux pour prix du service que je vais vous rendre qu'une mèche de vos cheveux.

—Hein ! fit le vieux qui crut avoir mal entendu.

— Une mèche de vos cheveux, ou au lieu de remettre votre lettre à la femme, je la livre au mari qui ira vous casser les os.

—Il est fou, ce garçon.

— Non, vieux drôle, c'est toi qui es fou de vouloir te mêler encore de séduire les honnêtes femmes. Si je t'ai fait écrire cette lettre, c'est pour avoir une arme contre toi dans le cas où tu irais réclamer chez quelque commissaire contre le vol que je vais te faire.

— Le vol ! le vol ! dit le vicomte tout ahuri, vous allez me voler, et quoi donc?

— Ce que tu me refuses, tes cheveux...

Et joignant le geste à la parole, Didier décoiffa le vicomte et lui enleva sa perruque.

— Au secours !

— Tais-toi, ou j'ôte ton œil. Le vicomte se tut.

—Les vieux comme vous, monsieur le vicomte, sont entêtés comme des mulets ; par les moyens ordinaires, il eût été impossible de vous faire abandonner votre idée de conquête sur la femme de mon ami Pierre ; vous auriez été constamment rôdant dans ces environs, et je crois avoir trouvé le moyen de couper court à vos démarches : votre perruque, je vais l'accrocher en ces lieux, et elle y restera désormais en permanence. Or, je doute fort que vous veniez jamais la réclamer.

— C'est un guet-à-pens !

—Comme vous dites ; voulez-vous aller vous en plaindre à la justice? partez, je vous livre passage.

Didier ouvrit la porte, et le vicomte, après s'être recoiffé de son chapeau, que le défaut de perruque lui faisait tomber sur les yeux, le vicomte partit. Seulement, il n'alla pas se plaindre ; il se contenta d'acheter d'autres cheveux et de renoncer à vouloir porter le trouble dans le ménage des lingères honnêtes. Et il ne repassa plus par le faubourg du Temple, car Lafleur qu'il y envoya passer devant le n° 46, lui apprit qu'en effet sa perruque était suspendue comme un lustre au beau milieu du plafond de la boutique. Pierre revint le soir, on lui raconta tout, et il approuva Didier !...

— A propos, s'écria tout à coup celui-ci, j'étais venu tantôt pour autre chose que pour jouer un mauvais tour au vicomte de Croquenbouche; j'étais venu vous annoncer que je vais me marier ; on me propose la fille d'un charcutier. La femme est laide, mais la dot est superbe ; aussi, j'ai accepté ; dans quinze jours, la noce aura lieu.

— Mais, est-ce que vous l'aimez, cette jeune fille ? dit Véronique.

— Pas le moins du monde ; à peine si je la connais, répondit légèrement Didier.

— Comment se fait-il alors que vous l'épousiez ?...

— Ça se fait tout simplement ; est-ce que vous en êtes encore à croire qu'il est, dans le temps où nous vivons, d'absolue nécessité de s'adorer pour se conjoindre ?

— Dame, quand on doit passer toute son existence ensemble, comment pourrait-on être heureux, si de prime abord une sympathie réelle, irrésistible, ne vous avait pas entraîné l'un vers l'autre.

— Hein, Pierre, est-elle assez naïve, madame ta gentille épouse ;... elle cause conjungo... mariage comme un aveugle des couleurs.

— Est-ce à dire, monsieur Didier, que je ne sais pas ce que c'est...

— Vous n'en avez pas la moindre idée.

— Ah ! par exemple, c'est un peu fort ; il me semble que moi, qui suis mariée, je dois m'y connaître mieux que vous, qui êtes encore garçon.

— Oh ! je le suis si peu.

— Ainsi, tenez, continua Véronique ; certes, j'aime bien Pierre ; il est même, je crois, impospossible d'éprouver pour n'importe qui une affection plus profonde, plus sincère que celle que j'éprouve pour lui, eh bien, s'il en eût été autrement, je n'aurais jamais consenti à devenir sa femme, et c'eût été vraiment dommage, car je l'aime bien.

—Ah ! le bon petit raisonnement, s'écria Didier en riant ; il me rappelle celui de ce monsieur, relativement aux épinards : « Je n'aime pas les épinards, disait-il, et j'en suis bien aise, parce que si je les aimais j'en mangerais, et je ne peux pas les souffrir. »

Pierre ne put s'empêcher d'approuver d'un sourire la citation de son ami Didier.

— Comment! toi aussi, Pierre, tu trouves que je n'ai pas raison? reprit Véronique.

— Si fait, ma chère petite femme, si fait ; mais, vois-tu, notre mariage à nous a été un mariage d'amour, et les mariages d'amour sont ce qu'il y a de plus rare ; la plupart de ceux qui se concluent sont ce que l'on appelle des unions de convenance.

— Et elles sont heureuses, ces unions-là?

— Certainement; l'estime et l'amitié sont deux

sentiments par lesquels on peut rencontrer également la félicité conjugale.

—Ah! diable, reprit Didier en consultant sa montre, voici l'heure d'aller faire ma cour, elle est même passée. Je suis obligé de vous quitter, vous comprenez cela, n'est-ce pas?

— Si nous le comprenons, je crois bien, dit Véronique. Allez, monsieur Didier, allez vite, et tâchez de la faire si bien que l'on vous aime et que vous voyant aimé, vous aimiez aussi, vous ; car, vous avez beau dire qu'on est heureux par les mariages de convenance, je persiste à croire, moi, qu'on l'est davantage par ceux auxquels l'amour préside.

— Pour vous être agréable, chère jolie madame, j'y ferai mon possible, quoique ma future ait un polisson de nez et des yeux en boules de loto, et puis un fichu caractère. Enfin, j'ai quinze jours devant moi pour m'y faire. Au revoir, madame, au revoir Pierre.

— Au revoir, Didier.

Les deux hommes échangèrent une poignée de mains, et Didier s'élança dehors, mais revenant tout à coup sur ses pas, et rouvrant la porte de la boutique :

— A propos, j'oubliais… je ne vous ai pas invités, mais vous l'êtes, bien entendu.

— Invités à quoi?

— A ma noce, parbleu !

— Ça va sans dire.

— N'est-ce pas? et Didier reprit sa course vers le logis de sa promise.

FIN DU PREMIER VOLUME.

CONDITIONS.

Les souscripteurs reçoivent, *franco,* tous les 15 jours, un charmant volume in-18, format anglais, beau caractère, beau papier, et contenant la matière d'un volume ordinaire.

Pour ceux qui souscrivent, chaque volume ne coûte que *soixante-quinze centimes* *.

On ne souscrit que pour une série de 12 vol.

On paie fr. 4-50 à la réception du 1er volume et fr. 4-50 à la réception du 7e volume.

Les ouvrages séparés se vendent *un franc* le volume.

Un volume abîmé ou égaré est remplacé au prix de fr. 1-25.

On souscrit dans toutes les maisons de librairie *de la Belgique et de l'étranger.*

Toutes les réclamations, avis, etc., doivent être adressés *franco* à l'éditeur.

* Pour l'étranger, le prix varie en raison des distances et des traités internationaux.

OUVRAGES PARUS :

UN MIRAGE, par E. Zichen, suivi de **UNE VENGEANCE POSTHUME,** 1 vol.

FRANÇOIS Ier ET ODETTE DE FOLLEMBRAY (1518-1525), par A. Tavernier, 3 vol.

MÉMOIRES D'UN VIEUX MÉNAGE PARISIEN, par R. Herbaut, 1er vol.